Indian Currency and Finance
•1913•

约翰·梅纳德·凯恩斯文集
JOHN MAYNARD KEYNES

印度的通货与金融

[英] 约翰·梅纳德·凯恩斯 著

李井奎 译

复旦大学出版社

中文版总序

约翰·梅纳德·凯恩斯（John Maynard Keynes, 1883—1946）是20世纪上半叶英国最杰出的经济学家和现代经济学理论的创新者，也是世界公认的20世纪最有影响的经济学家。凯恩斯因开创了现代经济学的"凯恩斯革命"而称著于世，被后人称为"宏观经济学之父"。凯恩斯不但对现代经济学理论的发展做出了许多原创性的贡献，也对二战后世界各国政府的经济政策的制定产生了巨大而深远的影响。他逝世50多年后，在1998年的美国经济学会年会上，经过150名经济学家的投票，凯恩斯被评为20世纪最有影响力的经济学家（芝加哥学派的经济学家米尔顿·弗里德曼则排名第二）。

为了在中文语境里方便人们研究凯恩斯的思想，由李井奎教授翻译了这套《约翰·梅纳德·凯恩斯文集》。作为这套《约翰·梅纳德·凯恩斯文集》中文版的总序，这里不评述凯恩斯的经济学思想和理论，而只是结合凯恩斯的生平简略地介绍一下他的著作写作过程，随后回顾一下中文版的凯恩斯的著作和思想传播及翻译过程，最后略谈一下翻译这套《约翰·梅纳德·凯恩斯文集》的意义。

一

1883年6月5日，约翰·梅纳德·凯恩斯出生于英格兰的剑桥郡。凯恩斯的父亲约翰·内维尔·凯恩斯（John Neville Keynes, 1852—

1949）是剑桥的一位经济学家，曾出版过《政治经济学的范围与方法》（1891）一书。凯恩斯的母亲佛洛伦丝·艾达·凯恩斯（Florence Ada Keynes, 1861—1958）也是剑桥大学的毕业生，曾在20世纪30年代做过剑桥市的市长。1897年9月，年幼的凯恩斯以优异的成绩进入伊顿公学（Eton College），主修数学。1902年，凯恩斯从伊顿公学毕业后，获得数学及古典文学奖学金，进入剑桥大学国王学院（King's College）学习。1905年毕业后，凯恩斯获剑桥文学硕士学位。毕业后，凯恩斯又留剑桥一年，师从马歇尔和庇古学习经济学，并准备英国的文官考试。

1906年，凯恩斯以第二名的成绩通过了文官考试，入职英国政府的印度事务部。在其任职期间，凯恩斯撰写了他的第一部经济学著作《印度的通货与金融》（*Indian Currency and Finance*, 1913）。

1908年凯恩斯辞去印度事务部的职务，回到剑桥大学任经济学讲师，至1915年。他在剑桥大学所讲授的部分课程的讲稿被保存了下来，收录于英文版的《凯恩斯全集》（*The Collected Writings of John Maynard Keynes*, London: Macmillan, 1971—1983）第12卷。

在剑桥任教期间，1909年凯恩斯以一篇讨论概率论的论文入选剑桥大学国王学院院士，而另以一篇关于指数的论文曾获亚当·斯密奖。凯恩斯的这篇概率论的论文之后稍经补充，于1921年以《概率论》（*A Treatise on Probability*）为书名出版。这部著作至今仍被认为是这一领域中极具开拓性的著作。

第一次世界大战爆发不久，凯恩斯离开了剑桥，到英国财政部工作。1919年初，凯恩斯作为英国财政部的首席代表出席巴黎和会。同年6月，由于对巴黎和会要签订的《凡尔赛和约》中有关德国战败赔偿及其疆界方面的苛刻条款强烈不满，凯恩斯辞去了英国谈判代表团中首席代表的职务，重回剑桥大学任教。随后，凯恩斯撰写并出版了《和平的经济后果》（*The Economic Consequences of the Peace*, 1919）一书。在这部著作中,凯恩斯严厉批评了《凡尔赛和约》,其中也包含一些经济学的论述,如对失业、通货膨胀和贸易失衡问题的讨论。这实际上为凯恩斯在之后研究就业、利息和货币问题埋下了伏笔。这部著作随后被翻译成多种文字,使凯恩斯本人顷刻之间成了世界名人。自此以后,"在两次世界大战之间英国出现的一些经济问题上,更确切地说,在整个西方世界面临的所有重大经济问题上,都能听到凯恩斯的声音,于是他成了一个国际性的人物"(Partinkin, 2008, p.687)。这一时期,凯恩斯在剑桥大学任教的同时,撰写了大量经济学的文章。

1923年,凯恩斯出版了《货币改革论》(*A Tract on Monetary Reform*, 1923)。在这本书中,凯恩斯分析了货币价值的变化对经济社会的影响,提出在法定货币出现后,货币贬值实际上有一种政府征税的效应。凯恩斯还分析了通货膨胀和通货紧缩对投资者和社会各阶层的影响,讨论了货币购买力不稳定所造成的恶果以及政府财政紧缩所产生的社会福利影响。在这本著作中,凯恩斯还提出了他自己基于剑桥方程而修改的货币数量论,分析了一种货币的平价购买力,及其与汇率的关系,最后提出政府货币政策的目标应该是保持币值的稳定。凯恩斯还明确指出,虽然通货膨胀和通货紧缩都有不公平的效应,但在一定情况下通货紧缩比通货膨胀更坏。在这本书中,凯恩斯还明确表示反对在一战前的水平上恢复金本位制,而主张实行政府人为管理的货币,以保证稳定的国内物价水平。

1925年,凯恩斯与俄国芭蕾舞演员莉迪亚·洛波科娃(Lydia Lopokowa, 1892—1981)结婚,婚后的两人美满幸福,但没有子嗣。

《货币改革论》出版不到一年,凯恩斯就开始撰写他的两卷本的著作《货币论》(*A Treatise on Money*, 1930)。这部著作凯恩斯断断续续地写了5年多,到1930年12月才由英国的麦克米兰出版社出版。与《货币改革论》主要是关心现行政策有所不同,《货币论》则是一本纯货币理论的著作。"从传统的学术观点来看,《货币论》确实是凯恩斯最雄心勃勃和最看重的一部著作。这部著作分为'货币的纯理论'和'货币的应用理论'上下两卷,旨在使他自己能获得与他在公共事务中已经获得的声誉相匹配的学术声誉"(Partinkin, 2008, p.689)。该书出版后,凯恩斯在1936年6月"哈里斯基金会"所做的一场题为"论失业的经济分析"讲演中,宣称"这本书就是我要向你们展示的秘密——一把科学地解释繁荣与衰退(以及其他我应该阐明的现象)的钥匙"(Keynes, 1971—1983, vol.13, p.354)。但是凯恩斯的希望落了空。这部书一出版,就受到了丹尼斯·罗伯逊(Dennis Robertson)、哈耶克(F. A. von Hayek)和冈纳·缪尔达尔(Gunnar Myrdal)等经济学家的尖锐批评。这些批评促使凯恩斯在《货币论》出版后不久就开始着手撰写另一本新书,这本书就是后来的著名的《就业、利息和货币通论》(Keynes, 1936)。

实际上,在这一时期,由于凯恩斯广泛参与了英国政府的经济政策的制定和各种公共活动,发表了多次讲演,在1931年凯恩斯出版了一部《劝说集》(*Essays in Persuasion*, 1931),其中荟集了著名的凯恩斯关于"丘吉尔先生政策的经济后果"(The Economic Consequence of Mr Churchill, 1923)、"自由放任的终结"(The End of Laissez-faire, 1926)等小册子、论文和讲演稿。1933年,凯恩斯出版了《通往繁荣之道》(*The Means to Prosperity*, 1933),同年还出版了一本有关几个经济学家学术生平的《传记文集》(*Essays in Biography*, 1933)。

在极其繁忙的剑桥的教学和财务管理工作、《经济学杂志》的主编工作及广泛的社会公共事务等等活动间歇,凯恩斯在1934年底完成了《就业、利息和货币通论》(《通论》)的初稿。经过反复修改和广泛征求经济学家同行们的批评意见和建议后完稿,于1936年1月由英国麦克米兰出版社出版。在《通论》中,凯恩斯创造了许多经济学的新概念,如总供给、总需求、有效需求、流动性偏好、边际消费倾向、乘数、预期收益、资本边际效率、充分就业,等等,运用这些新的概念和总量分析方法,凯恩斯阐述了在现代市场经济中收入和就业波动之间的关系。他认为,按照古典经济学的市场法则,通过供给自行创造需求来实现市场自动调节的充分就业是不可能的。因为社会的就业量决定于有效需求的大小,后者由三个基本心理因素与货币量决定。这三个基本心理因素是:消费倾向,对资本资产未来收益的预期,对货币的流动偏好(用货币形式保持自己收入或财富的心理动机)。结果,消费增长往往赶不上收入的增长,储蓄在收入中所占的比重增大,这就引起消费需求不足。对资本资产未来收益的预期决定了资本边际效率,企业家对预期的信心不足往往会造成投资不足。流动偏好和货币数量决定利息率。利息率高,会对投资产生不利影响,也自然会造成投资不足。结果,社会就业量在未达到充分就业之前就停止增加了,从而出现大量失业。凯恩斯在就业、利息和货币的一般理论分析基础上所得出的政策结论就是,应该放弃市场的自由放任原则,增加货币供给,降低利率以刺激消费,增加投资,从而保证社会有足够的有效需求,实现充分就业。这样,与古典经济学家和马歇尔的新古典经济学的理论分析有所不同,凯恩斯实际上开创了经济学的总量分析。凯恩斯也因之被称为"宏观经济学之父"。实际上,凯恩斯自己也更加看重这本著作。在广为引用的凯恩斯于 1935 年 1 月 1 日写给萧伯纳(George Bernard Shaw)的信中,在谈到他基本上完成了《就业、利息和货币通论》这部著作时,凯恩斯说:"我相信自己正在撰写一本颇具革命性的经济理论的书,我不敢说这本书立即——但在未来 10 年中,将会在很大程度上改变全世界思考经济问题的方式。当我的崭新理论被人们所充分接受并与政治、情感和激情相结合,它对行动和事务所产生的影响的最后结果如何,我是难以预计的。但是肯定将会产生一个巨变……"(转引自 Harrod,1950,p.545)。诚如凯恩斯本人所预期到的,这本书出版后,确实引发了经济学中的一场革命,这在后来被学界广泛称为"凯恩斯革命"。正如保罗·萨缪尔森在他的著名的《经济学》（第 10 版）中所言："新古典经济学的弱点在于它缺乏一个成熟的宏观经济学来与它过分成熟的微观经济学相适应。终于随着大萧条的出现而有了新的突破，约翰·梅纳德·凯恩斯出版了《就业、利息和货币通论》（1936）。从此以后，经济学就不再是以前的经济学了。"（Samuelson, 1976, p.845）

在《通论》出版之后，凯恩斯立即成为在全世界有巨大影响的经济学家，他本人也实际上成了一位英国的杰出政治家（statesman）。1940 年，凯恩斯重新回到了英国财政部，担任财政部的顾问，参与二战时期英国政府一些财政、金融和货币问题的决策。自《通论》出版后到第二次世界大战期间，凯恩斯曾做过许多讲演，这一时期的讲演和论文，汇集成了一本名为《如何筹措战费》（*How to Pay for the War*, 1940）的小册子。1940 年 2 月，在凯恩斯的倡议下，英国政府开始编制国民收入统计，使国家经济政策的制定有了必要的工具。因为凯恩斯在经济学理论和英国政府经济政策制定方面的巨大贡献，加上长期担任《经济学杂志》主编和英国皇家经济学会会长，1929 年他被选为英国科学院院士，并于 1942 年被英国国王乔治六世（George VI）晋封为勋爵。

自从 1940 年回到英国财政部，凯恩斯还多次作为英国政府的特使和专家代表去美国进行谈判并参加各种会议。1944 年 7 月，凯恩斯率英国政府代表团出席布雷顿森林会议，并成为国际货币基金组织和国际复兴与开发银行（后来的世界银行）的英国理事，在 1946 年 3 月召开的这两个组织的第一次会议上，凯恩斯当选为世界银行第一任总裁。

这一时期，凯恩斯除了继续担任《经济学杂志》的主编外，还大量参与英国政府的宏观经济政策的制定和社会公共活动。极其紧张的生活和工作节奏，以及代表英国在国际上的艰苦的谈判，开始损害凯恩斯的健康。从 1943 年秋天开始，凯恩斯的身体健康开始走下坡路。到 1945 年从美国谈判回来后,凯恩斯已经疲惫不堪,处于半死不活的状态(Skidelsky, 2003, part 7)。1946 年 4 月 21 日,凯恩斯因心脏病突发在萨塞克斯(Sussex)家中逝世。凯恩斯逝世后,英国《泰晤士报》为凯恩斯所撰写的讣告中说:"要想找到一位在影响上能与之相比的经济学家,我们必须上溯到亚当·斯密。"连长期与凯恩斯进行理论论战的学术对手哈耶克在悼念凯恩斯的文章中也写道:"他是我认识的一位真正的伟人,我对他的敬仰是无止境的。这个世界没有他将变得更糟糕。"(Skidelsky, 2003, p.833)半个多世纪后,凯恩斯传记的权威作者罗伯特·斯基德尔斯基在其 1 000 多页的《凯恩斯传》的最后说:"思想不会很快随风飘去,只要这个世界需要,凯恩斯的思想就会一直存在下去。"(同上,p.853)

二

1929—1933 年,西方世界陷入了有史以来最为严重的经济危机。面对这场突如其来的大萧条,主要西方国家纷纷放弃了原有自由市场经济的传统政策,政府开始以各种形式干预经济运行,乃至对经济实施管制。当时,世界上出现了德国和意大利的法西斯主义统制经济及美国罗斯福新政等多种国家干预经济的形式。第二次世界大战期间,许多西方国家按照凯恩斯经济理论制定和实施了一系列国家干预的政策和措施。凯恩斯的经济理论随即在世界范围内得到广泛传播。这一时期的中国,正处在南京国民政府的统治之下。民国时期的中国经济也同样受到了世界经济大萧条的冲击。在这样的背景之下,中国的经济学家开始介绍凯恩斯的经济理论,凯恩斯的一些著作开始被翻译和介绍到中国。从目前来看,最早将凯恩斯的著作翻译成中文的是杭立武,他翻译的《自由放任的终结》(书名被翻译为《放任主义告终论》,凯恩斯也被译作"坎恩斯"),1930 年由北京一家出版社出版。凯恩斯 1940 年出版的小册子

《如何筹措战费》，也很快被翻译成中文，由殷锡琪和曾鲁两位译者翻译，由中国农民银行经济研究处1941年出版印行。在民国时期，尽管国内有许多经济学家如杨端六、卢逢清、王烈望、刘觉民、陈国庆、李权时、陈岱孙、马寅初、巫宝三、杭立武、姚庆三、徐毓枬、滕茂桐、唐庆永、樊弘、罗蘋苏、胡代光、刘涤源和雍文远等人，都用中文介绍了凯恩斯的经济学理论，包括他的货币理论和财政理论，但由于凯恩斯的货币经济学著作极其艰涩难懂，他的主要经济学著作在民国时期并没有被翻译成中文。这一时期，凯恩斯的经济学理论也受到一些中国经济学家的批评和商榷，如哈耶克的弟子、时任北京大学经济学教授的蒋硕杰，等等。

在中文语境下，最早完成凯恩斯《通论》翻译的是徐毓枬。徐毓枬曾在剑桥大学攻读经济学博士，还听过凯恩斯的课。从剑桥回国后，徐毓枬在中国的高校中讲授过凯恩斯的经济学理论。实际上，早在1948年徐毓枬就完成了《通论》的翻译，但经过各种波折，直到1957年才由三联书店出版。后来，徐毓枬翻译的凯恩斯的《通论》中译本也被收入商务印书馆的汉译世界学术名著丛书系列（见宋智丽、邹进文，2015，第133页）。1999年，高鸿业教授重译了凯恩斯的《通论》，目前是在国内引用最多和最权威的译本。2007年南海出版公司曾出版了李欣全翻译的《通论》，但在国内并不是很流行。1962年，商务印书馆出版过由蔡受百翻译的凯恩斯的《劝说集》。凯恩斯的《货币论》到1997年才被完整地翻译为中文，上卷的译者是何瑞英（1986年出版），下卷则由蔡谦、范定九和王祖廉三位译者翻译，刘涤源先生则为之写了一个中译本序言，后来，这套中译本也被收入商务印书馆的汉译世界学术名著丛书。2008年，陕西师范大学出版社出版了凯恩斯《货币论》另一个汉译本，上卷由周辉翻译，下卷由刘志军翻译。凯恩斯的《和约的经济后果》由张军和贾晓屹两位译者翻译成中文，由华夏出版社2008年出版。凯恩斯的

《印度的货币与金融》则由安佳翻译成中文,由商务印书馆 2013 年出版。凯恩斯的《货币改革论》这本小册子,多年一直没见到甚好的中译本,直到 2000 年,改革出版社出版了一套由李春荣和崔铁醴编辑翻译的《凯恩斯文集》(上中下卷),上卷中包含凯恩斯的《货币改革论》的短篇,由王利娜、陈丽青和李晶翻译。到 2013 年,由中国社会科学出版社重新出版了这套《凯恩斯文集》,分为上、中、下三卷,由李春荣和崔人元主持编译。

三

尽管凯恩斯是 20 世纪最有影响力的经济学家,但是,由于其经济学理论尤其难懂且前后理论观点多变,英语语言又极其优美和灵活,加上各种各样的社会原因,到目前为止,英文版的 30 卷《凯恩斯全集》还没有被翻译成中文。鉴于这种状况,李井奎教授从 2010 年之后就致力于系统地翻译凯恩斯的主要著作,先后翻译出版了《劝说集》(2016)、《通往繁荣之路》(2016)、《〈凡尔赛和约〉的经济后果》(2017)、《货币改革略论》(2017)。这些译本将陆续重新收集在本套丛书中,加上李井奎教授重译的凯恩斯的《货币论》《印度的通货与金融》《就业、利息和货币通论》,以及新译的《论概率》《传记文集》等,合起来就构成这套完整的《约翰·梅纳德·凯恩斯文集》。这样,实际上凯恩斯出版过的主要著作绝大部分都将被翻译成中文。

自 1978 年改革开放以来,中国开启了从中央计划经济向市场经济的制度转型。到目前为止,中国已经基本形成了一个现代市场经济体制。在中国市场化改革的过程中,1993 年中国的国民经济核算体系已经从苏联、东欧计划经济国家采用的物质产品平衡表体系(简称 MPS)的"社会总产值",转变为西方成熟市场经济体制国家采用的国民经济统计体系,简称 SNA 核算,从而国内生产总值(GDP)已成了中国国民经济核算的核心指标,也就与世界各国的国民经济核算体系接轨了。随之,中国政府的宏观经济管理包括总需求、总供给、CPI,货币、金融、财政和汇率政策,也基本上完全与现代市场经济国家接轨了。这样一来,实际上指导中国整个国家的经济运行的经济理论也不再是古典经济学理论和斯大林的计划经济理论了。

现代的经济学理论,尤其是宏观经济学理论,在很大程度上可以说是由凯恩斯所开创的经济学理论。但是,由于一些经济学流派实际上并不认同凯恩斯的经济学理论,在国际和国内仍然常常出现一些对凯恩斯经济学的商榷和批判,尤其是凯恩斯经济学所主张的政府对市场经济过程的干预(实际上世界各国政府都在这样做),为一些学派的经济学家所诟病。更为甚者,一些经济学人实际上并没有认真读过凯恩斯的经济学原著,就对凯恩斯本人及其经济学理论(与各种各样的凯恩斯主义经济学有区别,英文为"Keynesian economics")进行各种各样的批判,实际上在许多方面误读了凯恩斯原本的经济学理论和主张。在此情况下,系统地把凯恩斯的主要著作由英文翻译成中文,以给中文读者一个较为容易理解和可信的文本,对全面、系统和较精确地理解凯恩斯本人的经济学理论,乃至对未来中国的理论经济学的发展和经济改革的推进,都有着深远的理论与现实意义。

是为这套《约翰·梅纳德·凯恩斯文集》的总序。

韦 森

2020 年 7 月 5 日谨识于复旦大学

参考文献

Harrod, Roy, F., 1951, *The Life of John Maynard Keynes*, London: Macmillan.

Keynes, John Maynard, 1971-1983, *The Collective Writings of John Maynard Keynes*, 30 vols., eds. by Elizabeth S. Johnson, Donald E., Moggridge for the Royal Economic Society, London: Macmillan.

Partinkin, Don, 2008, "Keynes, John Maynard", in Steven N. Durlauf & Lawrence E. Blume eds., *The New Palgrave Dictionary of Economics*, 2nd ed., London: Macmillan, vol.4, pp.687-717.

Samuelson, Paul A. 1976, *Economics*, 10th ed., New York: McGraw-Hill.

Skidelsky, Robert, 2003, *John Maynard Keynes 1883-1946, Economist, Philosopher, Stateman*, London: Penguin Book.

宋丽智、邹进文:《凯恩斯经济思想在近代中国的传播与影响》,《近代史研究》,2015年第1期,第126—138页。

绪 言

我在打字机上打印出除了最后一章的本书其他所有章节时,我得到了皇家印度财政与通货委员会(1913)委任的一个职位。如果我的书尚远不足以付梓出版,我当然会延迟本书的出版,直到该委员会的报告形成以后再出版它,这样我的观点也会因委员会的各种讨论和提供给它的证据而变得更加充分和全面。然而,在当下这种情况下,我决定把我已经写出的部分即行付印,原本计划的其他一些章节不再增加进来了。摆在读者面前的这本书,完全是在我进入皇家委员会之前完成的。

约翰·梅纳德·凯恩斯

剑桥大学国王学院

1913 年 5 月 12 日

目录

001 / **中文版总序**

001 / **绪言**

001 / 第一章　卢比的现状

010 / 第二章　金汇兑本位

024 / 第三章　纸币

041 / 第四章　黄金在印度的现状和黄金通货提案

066 / 第五章　政府票据和汇兑

081 / 第六章　印度事务大臣的储备金和现金余额

125 / 第七章　印度的银行业

155 / 第八章　印度的贴现率

168 / **索引**

174 / **译者跋**

第一章　卢比的现状

§1. 对于与印度通货相关的广泛历史事实，我不打算多花笔墨。大家都很清楚，一直到 1893 年，印度的通货都是建立在自由铸造的白银这一基础之上的，卢比的黄金价值随着银锭的黄金价值波动。由于白银的黄金价值下贬持续了很长一段时间，所以贸易十分不便；同时，由于印度政府必须以英镑进行大额支付，所以公共财政亦备受扰乱。1893年，关于复本位制的谈判破裂之后，印度铸币局就停止了对白银的自由铸造，卢比的价值也即与包含于其内的贵金属价值分离开来。通过停止发行新的通货，印度政府成功地在 1899 年把卢比的黄金价值提高到 1 先令 4 便士，自此之后，卢比的这一黄金价值迄未改变。

§2. 无疑，印度政府起先并未充分理解新的通货体制之本质，一开始曾犯过若干小错。但如今从更加广大、普遍的立场上看，对于从银本位向金本位的转变，其明智性已很少有人置疑。

白银利益集团的强烈抗议，已然在时间的流逝中湮没无闻。对于当初批评意见所持的主要理由，时间也做出了令人满意的处理。当初的那些理由如下：

(1) 新的通货体制并不稳定，
(2) 通货贬值只是对一国的对外贸易有利。

§3. 这第二条乃是人们在 1893 年所力陈的反对意见。据说，卢比贬值是对出口商的奖赏；因此人们认为，引入金本位制度会对产业、谷物以及棉纺织品的出口贸易造成极大损害。当时的理论家清楚地指出：(a) 出口商所得的好处基本上是以牺牲国家其他集团的利益为代价而取得的，从总体上来说，对国家无益；(b) 而且这种好处也只是暂时性的。

印度近年来物价轮番上涨，清楚地表明了虽然通货贬值暂时令一些部门获益，但在很多方面对众多的社会其他部门造成了极大的损害。事实上，物价上涨趋势已经引发了对现行通货制度的一些抱怨；然而，很显然，1893年的巨变一定是想把物价降下来的，而如果这一巨变并未出现，那么，卢比价格十有八九要高于当前的水平。

对于这场巨变对出口商产生的临时效果，实践旗帜鲜明地支持了理论。有关这一实践的性质，J.B.布伦亚特先生（Mr. J. B. Brunyate）在立法会会议上所做的总结最是令人叹服。他的这一总结对孟买工厂主利益集团提出的关于1910年对白银征税的类似观点做了回应。[1]

---

[1] 布伦亚特先生的总结如下："在座的很多人应该记得，他们所持的这些观点代表的是茶叶种植业的立场。印度和中国在相同的通货基础上展开竞争已有多年。当时有人认为，汇率对贸易的扰乱、卢比的升值以及白银的贬值，不仅导致印度茶叶的行业地位被剥夺，而且还给整个茶叶行业带来了无法补救的损害。我现在引用的这段话，实际上在1892年大吉岭（印度东北部之避暑胜地，以茶叶种植闻名。——译者注）种植业者协会上已经被引用过。在停止铸币的前一年，印度出口1.15亿磅茶叶到国外，而截至1909年，出口量仅增加了一倍多一点。棉花产业也有几乎完全一样的观点，在这里我得细细道来。工厂主所担心的是白银贬值，而且他们也的确有理由担心。这种情况确确实实地发生了。在1892年到1893年，也即停止铸币前一年，每盎司白银的平均价格接近40便士。次年下跌到$33\frac{1}{3}$便士；第三年下降到大约29便士；之后一直维持在30便士或低于30便士的水平多年。这大大刺激了中国的茶叶生产，这一点人们确实可以预期到。在这种情况下，所谓的好处可不是2%，而是25%。这不是暂时性的下滑，如果是暂时性的下滑，一个月内就可以由其他因素所抵消。这一下滑持续了数年，如我们所知，自此白银再也没有回到每盎司40便士的价格上来。此外，就在停止铸币之前，过度贸易的情况即已存在，工厂主在那几个月里一直在努力令中国市场处理他们积累的存货。事实上，1893年到1894年出口的下降，部分是由于我们的通货体制变化所带来的混乱，部分是由于中国市场现有的缺口。不过，1894年到1895年的出口恢（**转下页**）

§4. 因此，1893年的那些批评我们不再能够听到，我们现在面对的通货问题是全新的。自1899年以来，印度通货体制的演变悄无声息却异常迅猛。政府很少发布其政策的公开声明，立法方面的变化也不大。然而，就是这样一个既没有受到推行它的人的周密考虑，又没有经受住那些在1893年反对停止铸币的人仔细盘算的制度，却已经发展起来了；而且，虽然当时也有对这类制度的倡议，但这项制度既不受政府的青睐，也没有得到1899年富勒尔委员会（Fowler Committee）的支持。甚至这项通货政策究竟是在什么时候被讨论通过的，我们也不得而知。

印度政府无心插柳而采纳了一种制度，而且也从未清楚地对之进行过阐述，之所以会出现这样的情况，部分是因为大家对这一制度的真正特征存在广泛的误解。但从这项制度过去所经受的那些坎坷来看，吝于解释并不会从根本上恶化事态的发展。A.M.林德赛先生（Mr. A. M. Lindsay）在1898年委员会会议上所做的预言基本上都应验了，他在这一通货制度最终被采纳前，提出了一个原理上与之非常类似的方案。他说："除了少数有识之士之外，几乎没有人注意到这一变化。我们很满意地发现，经过这番潜移默化的过程，印度的通货将根植于李嘉图和其他伟大学者所倡导的最佳通货制度之上。也就是说，国内流通中所使用的通货仅限于纸币和廉价的金属辅币，但在对外支付时，它们可以像金币一样兑换成黄金。"

（接上页）复表明，中国迅速调整了价格和工资来应对这种临时出现的新情况，因为我发现，1894年的第一个月，工厂主已经再次稳定了生产，并且实现了盈利。我大概可以给出确实的数字来。在1891年到1892年，棉纱出口是1.61亿磅，在1892年到1893年，即停止铸币前价格膨胀那一年，出口上升到1.89亿磅。1893年到1894年，（如我所说）出口下降到了1.34亿磅，但在次年又重新回到1.59亿磅。在1902年到1903年和1903年到1904年，虽然白银的价格已经跌至24便士，但出口约为2.5亿磅。1905年到1906年出口达到了破纪录的2.98亿磅。在过去两到三年，由于各种原因，出口出现了下降，但1908年到1909年的出口量还是达到了2.35亿磅，尤其是对中国的出口有了显著改善。"

§5. 1893年，有四种通货基础在备选之列：劣质硬币与贬值纸币、银本位、复本位和金本位。我们不认为印度政府打算接受第一种；他们公开承认第二种令人失望；他们想通过协商尝试第三种，最终没有做成。如此一来，似乎可以得到这样的结论：他们的最终目标势必是最后一种——即金本位制度。1892年的委员会并没有表明自己的态度；但他们所建议设立的制度普遍被认为是引入金本位的过渡性的第一步。1898年委员会明确了他们的态度，宣布支持最终建立金本位制。

如果这是印度政府的目标，那这个目标它也从未达到过。卢比仍然是主要的交换媒介，具有无限法偿货币地位。没有任何法令强迫政府允许卢比与黄金相互兑换。自1899年以来，卢比的黄金价值仅在较为狭窄的范围内波动，这一事实只能归因于政府迫于压力所采取的行政措施。那么，卢比的现状又是怎么样的呢？

§6. 印度现行通货体制的主要特征如下：

(1) 虽然法律规定不可兑换黄金，但卢比具有无限法偿货币地位。

(2) 沙弗林（sovereign）[1]同样具有无限法偿货币地位，兑换比率为1沙弗林兑换15卢比，只要1893年颁布的通告未撤销，二者即可在这一比率上兑换，即可以要求政府按照15卢比兑换1沙弗林的比率予以兑换。

(3) 就行政惯例而言，政府通常应该允许沙弗林与卢比按照这一汇率进行兑换；但这项惯例时常被暂时喊停，在印度也不可能总是用卢比大量兑换黄金。

(4) 就行政惯例而言，政府在加尔各答按照每卢比不高于1先令$\frac{29}{32}$便士的价格，出售在伦敦以英镑支付的应付票据。

前述第四条是支持卢比的英镑价值的关键一点；虽然政府未尝就维

---

[1] 旧时面值1英镑的金币。——译者注

持该价格给出过具有约束力的保证,但如果不这样做,它们的通货体制恐怕就会彻底崩溃。

是故,上述第二条限制卢比的英镑价值上涨到 1 先令 4 便士以上,也即不高于印度卢比兑换沙弗林的汇兑成本;而第四条限制卢比兑换沙弗林的英镑价值低于 1 先令 $3\frac{29}{32}$ 便士。实际上,这就意味着卢比的英镑价值变动的范围在 1 先令 $4\frac{1}{8}$ 便士和 1 先令 $3\frac{29}{32}$ 便士之间。

§7. 印度通货体制的重要特征至多也就是一系列公告和行政惯例的汇集,要指出其中哪一个单一的法令缔造了现在这个体制是不可能的。而下面这张大事列表或许对我们有参考价值:

1892 年,赫谢尔(Herschell)印度通货委员会成立。

1893 年,颁布停止印度私人铸造银币的法令。政府发布公告,将卢比或纸币按 1 先令 4 便士兑换 1 卢比的固定汇率偿付黄金。

1898 年,富勒尔(Fowler)印度通货委员会成立。卢比的英镑兑换价值达 1 先令 4 便士。

1899 年,颁布法令宣布英国沙弗林按 1 先令 4 便士的价格兑换卢比。

1899—1903 年,就沙弗林在印度的铸造进行谈判(1903 年 2 月 6 日后无限期停止)。

1900 年,从铸币利润中建立金本位储备金。

1904 年,印度事务大臣宣布同意无限制地按照 1 先令 $4\frac{1}{8}$ 便士出售印度政府票据。

1905 年,颁布法令规定在英格兰银行设立"earmarked"通货基金库以作为纸币发行的通货准备金,[1]以及通货准备金中投资与英镑证券的组成部分。

---

[1] 在 1898 年和 1900 年,也曾有过临时性的法令起到了同样的效果。

1906年，发布公告不再以法定金币（与英国金币相区别）为基础定向发行卢比。

1907年，为金本位储备金建立卢比储备。

1908年，在加尔各答按照 3 先令 $3\frac{29}{32}$ 便士兑换 1 卢比的价格出售伦敦的英镑汇票，兑换资金来自金本位储备金。

1910年，颁布法令发行 10 卢比和 50 卢比面额的通用法定货币，[1] 并定向发行可与英国金币兑换的纸币。

1913年，黄金印度金融与通货委员会成立。

§8. 在上文§6的叙述中，我已经阐明了这一系列举措的实际效应。但印度卢比的法律地位如此复杂而独特，我们有必要在这里给出一个更为确切的说明。在1893年之前，政府在发行卢比上受制于《1870年铸币法案》(The Coinage Act of 1870)，卢比只能按比重与银锭交换。自1868年以来，彼时仍然有效的印度总督公告表明，国库还是按照10卢比4安纳兑换1沙弗林的价格接受沙弗林。这个公告取代了1864年把兑换率固定在10卢比的1864年公告，但很长时间都没有生效（因为10卢比4安纳的黄金兑换价值已经跌到了远低于1沙弗林的水平了）。1893年法案只是一个废除法案，为的是废除1870年法案中的那些条款，1870年法案允许民间自由地把白银铸造成卢比。同时（1893年），1868年公告也被新公告取代，国库按照15卢比兑换1沙弗林的固定比率接受卢比；1882年纸币法案（Paper Currency Act of 1882）发布了一个公告，定向发行可以按15卢比兑1英镑的价格兑换黄金的纸币。根据法定黄金定向发行卢比，也一直受到一系列公告的规制，其中的第一个公告发布于1893年，直到1906年，卢比还要么根据金币，要么根据金块来发行；而自1906年开始，卢比就只能根据沙弗林和半沙弗林来发行了。除了公告

---

[1] 该法令规定，100 卢比纸币从 1911 年开始流通。

之外，1899年的一项法案还宣布，英国法币沙弗林与卢比的兑换比率为15卢比兑1英镑，该法案所带来的一个间接影响就是，使政府用金币赎回纸币并拒收白银有其可能。最终，1910年纸币法案（Paper Currency Act of 1910）将政府发行纸币的基础限定在英国金币范围之内。

因此，无论是哪一部法案，均不曾废弃15卢比兑换1英镑这样一个兑换比率。问题只是执行者在随意更换所遵守的公告。进而言之，金本位储备金的管理既不受法令也不受公告的管制，而只受行政惯例的规管；而印度政府票据和伦敦英镑汇票的出售均为不时改变公告的行政自由裁量权所规制。

所有这些，都在强调该通货制度成长的渐进性质和现有立法的过渡性质。现在的情况是，新法案中是有某种可能会巩固和澄清通货情况的东西，但放任自由裁量权也仍有其良好的理由。

§9. 这各类措施所造成的结果是，卢比仍是印度的本币，但政府却在采取各种措施以确保它可以按照大体稳定的比率与国际通货相兑换。印度通货制度的稳定性取决于印度政府持有的卢比铸币储备金的充足与否，以使它们总是能够确保国际通货与本币之间的可兑换性；还取决于英镑的流动资金的充足与否，以使他们能够在有需要时随时把国际通货兑换为本币。我们后文将会看到，印度通货体制的这一特征并非印度所独有，其特征是：首先，实际交易媒介是有别于国际通货的本币；其次，政府更愿意用国际通货（黄金）在外汇中心（伦敦）用应付票据赎回本币（卢比），而不愿意完全在当地赎回；第三，政府本身有责任在需要时供应本币以交换国际通货，以及用国际通货换回本币，为了实现这两个目标中的任意一个，政府必须持有两类准备金。

我将在后续章节讨论这些特征。从第二个特征讨论起，一开始就以一种普遍的方式对这一通货体制进行讨论，会比较方便。这一通货体制就是学者们所熟悉的金汇兑本位制（Gold-Exchange Standard）。而印度的通货体制是这类体制中最突出的范例。然后，我们将在第三章和第四章论纸币和论黄金在印度的现状以及黄金通货的提案里，对第一个特征进行讨论；在第六章论印度事务大臣的储备金里讨论第三个特征。

§10. 但在我们讨论印度通货体制的这几个特征之前，强调一下**并不是**这个体制所特有的两个方面，还是很有价值的。首先，通过规制而将汇率维持在 1 卢比等于 1 先令 4 便士的这个通货体制，是与卢比等同于价值 1 先令 4 便士的金币那个体制不同的。这个通货体制不会对物价水平造成影响，稍后我们再来对这一间接而无关紧要的方式进行解释。只要卢比值 1 先令 4 便士的黄金，就不会有哪一个商人或工厂主在确定其产品价格时不考虑卢比铸币的金属材质。鉴于卢比是白银铸币，所以其对物价的**间接**效应与使用诸如支票或纸币这类的任何一种交易媒介所带来的效应是相似的，这就节约了对黄金的使用。如果任何一个国家对黄金的使用都得到了节省，那么全世界的黄金也就不那么值钱了——也就是说，现有的黄金价格过高了。但由于这一影响是遍布全世界的，所以在任何一个节约了黄金使用的国家，这种价格效应都会相对小一些。总之，一项导致印度更多使用黄金的政策将会因为增加了全世界市场上对黄金的需求，而在某种程度上降低以黄金计量的世界物价水平；但这项政策不会引起印度商品和非印度商品之间**相对**交换比率任何值得考虑的变化。

其次，虽然由于规制而使卢比价格维持在或接近维持在 1 先令 4 便士的水平上，这也不意味着一旦把黄金价值确定为 1 先令 4 便士而不是其他值，通货流通量就取决于政府政策或官员的随意妄为了。[1] 与其他

---

[1] 尊敬的达达波伊先生在 1910 年立法会上的言称："白银价格进一步下跌（即其银锭价值下跌）所造成的有害影响，可以被政府通过进一步缩减通货流通量并由此使卢比更加稀缺所中和，政府还可以通过把金本位储备金维持在更高水平，甚至也可以通过更加频繁地从市场收回政府票据来中和这一有害影响。"当然，通货的缩减可能不会产生预想的效果，但政府实际上也不会以上面描述的那种方式缩减通货。

国家一样，该体制的这一部分全然不受人们的意志所支配。只要有人用沙弗林来清偿债务，那么，政府就有义务供应卢比，而且政府还经常允许或鼓励在伦敦和印度用沙弗林清偿债务；否则的话，政府就没有能力或机会迫使卢比进入流通。只有在两件事情上，政府可以行使自由裁量权。第一，为了让政府总是有完成这一义务的可能性，维持一定量的卢比储备金是必要之举，正如本国某一权威机构——实际上就是英格兰银行——一定要持有白银辅币和沙弗林铸币的储备金，同时又不能在其金库中存放过多的非铸币或外国黄金一样。这一储备金的大小也在印度政府自由裁量权限范围之内。一定程度上，他们必须预计到对铸币产出的可能需求。但如果他们计算有误，铸币量超过所需，新的卢比必须放在政府自己的金库里，直到需要用它为止，而新的卢比进入流通的时间也不在政府所能决定的权力范围内。第二，政府可以通过拒绝为交换伦敦的沙弗林供应卢比，以及坚持要把沙弗林运往加尔各答，在短时间内延迟对卢比的需求。有时候他们的确是这样做的，但更经常的是接受伦敦给付的沙弗林，其原因稍后再详加解释。无论是这两种情况中的哪一种，他们的行为对通货流通量的永久影响均不足为道。它所造成的这类差异，与政府在自由裁量权限内征收一笔不超过铸币成本的铸币费所造成的流通量差异相比，几无差别。[1]

---

[1] 我们将在第五章§8部分对政府权力之于流通量的问题进行更为详尽的讨论。

第二章　金汇兑本位

§1. 如果我们打算从一个适当的角度看看印度的体制，那就有必要留出篇幅，讨论一下总体上的通货演变。

首先，我的目的是要表明，英国体制的独特性和它不适合于其他条件的特性；其次，传统的"理想"通货主要是来自英国体制某些表象层面；再次，在大多数其他国家已经发展起来了某种稍有差异的通货体制；最后，在印度不断演变的这一通货体制，本质而言与这一外来类型是相符合的。本章我将考察通货体制的一般性质，不涉及其运行的具体细节。

§2. 就与我们的当前研究目的而言，通货的历史基本上开始于19世纪。该世纪的第二个25年，英国是全世界唯一一个拥有以黄金为基础的正统"理想"通货体制的国家。黄金是唯一的价值本位；它可以自由地转手流通，也可以自由地输出。到了1844年，作为实际交易媒介的银行钞票，显示出了代替黄金的强烈势头。但该年的银行法案自我设限，阻止了这一趋势，并鼓励用黄金作为价值标准和交易媒介。这一法案极其成功阻止了使用纸币来节省黄金的尝试。不过，这一银行法案并没有阻止使用支票，在之后的50年间，在纸币和代币的使用没有重要发展的情况下，支票这种交易媒介的发展取得了令人瞩目的成果，英国出现了一个相较于任何其他国家都更加节省黄金的货币机制。大不列颠对支票的使用，得到了英语世界其他国家——加拿大、澳大利亚、南非和美利坚合众国——的（认可和）仿效。但在其他国家，通货演变则主要沿着其他的路线在走。

§3. 在英格兰现代银行业的早期阶段，银行并不经常需要用黄金来应对储户们的挤提，储户在艰难时刻总是会陷入恐慌状态，担心在自己真正有需要的时候无法取出自己的存款。随着银行体制稳定性的增长，尤其是随着储户们对银行体制稳定性的信心之增长，这种情况越来越不常见，英国银行没有出现危险性的挤提事件已经有很多年。因此，大不列颠的黄金储备基本上不再以应对此类危机为务。在大不列颠，金币的用途目前有三——作为交易媒介用于某些类现金支出，比如乘坐火车这类习惯上需要现金支付的地方；用于支付工资；用于向海外支付现金。

前两种黄金需求的波动较之于第三种只具有次一级的重要性，通常可以极为精准地预测到，——比如假期、季节转换之际以及周末或收获季节黄金需求的波动。第三类用途上的需求波动幅度更大，除了常规的秋季资金外流之外，不大容易预见到。因此，我们的黄金储备政策主要是基于对可能的出口需求的考虑。

为了防止黄金可能会流到海外，英国发展出了一套复杂的机制，这个机制的运行细节乃是这个国家所独有的。如果外国人选择用黄金结算并要求我们立即支付应付账款，我们又没有同样可以令他们立即支付的相应账目抵消他们的结算要求，那么，黄金只能流往国外。如果我们能够迅速地使用相应账目来抵消这种结算要求，我们就能马上停止黄金的流出。当我们要去考虑如何才能做好这些时，我们就会注意到，一个在国际短期信贷市场上基本上处于债权国地位的国家是非常不同于一个在国际短期信贷市场上基本处于债务国地位的国家的。在前一种情况下，比如大不列颠，削减贷款数量才是问题；在后一种情况下，增加借款数量才是问题。适用于第一种行为的机制可能不会适用于第二种行为。之所以规制黄金外流的"银行利率"政策能够在英国大获成功，部分是因为这一机制在发挥作用，部分是因为伦敦货币市场这一特殊机构在起作用；不过，若无其他机构的助力，不可能到处都能适用。就本研究的目的而言，细致考察银行利率变化如何影响即期借贷余额并无必要。必须得说，银行利率的变化会制约这些经纪人，即英国短期贷款基金与外国融资需求（主要是为贴现拿出来的票据）之间的中介人，而使他们新签订的业务量少于之前签订而现在已经到期的合同数额，并因之承担必须抵消国外结算要求的责任。

§4. 因此，英国货币体制的基本特征是，使用支票作为主要的交易媒介，使用银行利率规制即期借贷余额（因之通过黄金的输入和输出来管理黄金流）。

§5. 外国货币体制发展到目前这种形态，乃是起始于19世纪最后25年。彼时，伦敦处在其金融霸权的巅峰时期，伦敦的货币制度经受住了时间和实践的检验。因此，外国体制从一开始就受到了英国货币体制的极大影响，把英国体制的基本原则当作自己的基本原则。但是，外国的观察家感到印象更加深刻的是英国人口袋里的沙弗林，而不是他们桌子上的支票簿；而且他们也更加关注银行利率政策的"效果"和每逢周四的董事会决议，而非具体的经纪人机构和伦敦货币市场的效果和大不列颠债权国的地位。如此一来，这就让他们更加愿意仿效伦敦制度的形式而不是内容。当他们引入金本位制度时，他们也同样设立了金币本位制；在若干情况下，他们还按照英国的模式建立起了他们的官方银行利率。德国在1871年到1873年建立了这种制度。哪怕是到了现在，德意志银行的辩护者有时在发表讲话时，仍然摆出一副与英格兰银行一样的神气，就好像他们自己的银行利率多有效似的。而事实上，虽然德国的货币体制在某种程度上模仿英国货币体制而建立，但却迫于各种条件，又与英国的货币体制有着根本上的差异。

对于本研究而言，考虑每个货币体制的全部细节并无必要。但是，若要考虑也要把范围限制在欧洲各个国家,比如法国、奥匈帝国、俄国、意大利、瑞典或荷兰,这些国家中的大部分都已经建立了金币本位制和官方银行利率,但均非以黄金作为主要交易媒介,也没有哪个国家把银行利率作为唯一防止黄金外流的有效工具来使用。

§6. 我将在第四章分析印度通货体制中黄金的现状,到那个时候,我们再来对黄金替代品的使用进行讨论。不过,大不列颠以外的其他国家一般都用什么工具来支持"无效"的银行利率呢? 概言之,有三种工具:第一,是持有大量黄金储备,这样就能安然面对大量的黄金流出;第二,是部分暂停黄金的自由支付功能;或者,第三,是有国外借款和可以在必要时及时动用的外国票据。大多数欧洲国家的中央银行(在不同程度上)依赖于这三种工具。

正常情况下,法兰西银行使用前两个工具,[1]而持有外国票据对它来说则并不重要。[2]该行的银行利率基本上不由国外的情况而确定,该行利率的变化通常是为了影响国内的事务(虽然这些变化也会受国外事务的影响,并对其产生反应)。

德国正处于过渡状态,而且公开承认对于这种状态并不满意。德国的制度安排的理论似乎是这样的:德国模仿英国的模式也以银行利率为

---

[1] 例如,在1912年11月,"除了最紧急的需要之外,法兰西银行已经不再受理黄金的柜台交易,而且用黄金支付的最高额为每人300法郎。其他银行亦循此例,把黄金支付的最高额限定为200法郎。所有货币支付均收取1%的费用。同时,黄金存款也会在借方计入1%的费用"〔参看:《银行家杂志》(*Bankers' Magazine*),1912年12月号,第794页〕。每个月月初,用黄金而非白银每支付1000法郎的出纳人员将收取6法郎的服务费或佣金〔参看:《经济学人》(*Economist*),1912年11月9日,第961页〕。

[2] 虽然法兰西银行只有在特殊情况(例如,1907年年初和年末,1909年年末)下才持有大量外国票据(一般是英镑票据),但外国纸币通过大的信贷银行代理机构可以大量进入法国货币市场进行交易。这些机构把外国票据视为自己的资产组合之一部分,并通过法兰西银行再贴现国内票据而获得必要的资金。所以,法国的机制要比表面上看起来更接近于英国的机制,法兰西银行的影响与英格兰银行的影响一样,主要是间接的。这种可能性无疑是由于国际短期信贷市场上法国和英国均为债权国的缘故。

基础；但实际上其银行利率不大容易奏效，通常须得由德意志银行对货币市场的其他要素施加许多无形的压力来强化银行利率的作用。德国的黄金储备并未大到可以应付裕如地充任首要的应急工具这样的地步。实际上，该国对黄金自由支付有时候也会局部暂停，[1]虽然他们在做这些事情时都是偷偷摸摸的，自己也为之感到羞愧。德意志银行现在依赖于所持有的外国汇票和信贷的变化之程度日深。几年前，持有这些资产没有什么重要性可言。下表中的数据表明了德意志银行财务账户上外汇和信贷的增加有多么快速。德意志银行当局现在认识到，他们在国际短期信贷市场上的地位并不允许他们固定住其银行利率，然后无所事事地坐待事态的发展。

表1 德意志银行持有的外国票据(不包括外国信贷)　　　单位：英镑

年　份	年平均值	最大值	最小值
1895	120 000	152 000	100 000
1900	1 270 000	3 540 000	160 000
1905	1 580 000	2 490 000	970 000
1906	2 060 000	2 990 000	830 000
1907	2 223 000	3 000 000	1 130 000
1908	3 544 000	6 366 000	977 800
1909	5 362 000	7 978 000	2 824 800
1910[2]	7 032 000	8 855 000	4 893 300

表2 德意志银行每年年底最后一天对外发布的外国票据及信贷持有量

单位：英镑

12月31日（年）	票　据	信　贷	总　值
1906	3 209 000	993 000	4 202 000
1907	1 289 000	503 000	1 792 000
1908	6 457 000	1 234 000	7 691 000
1909	6 000 000	3 369 000	9 369 000
1910	8 114 000	4 205 000	12 309 000
1911	7 114 000	1 439 000	8 553 000
1912	—	—	—

1　例如，1912年11月份，黄金出口升水接近0.75个百分点。
2　自1910年以来，德意志银行的年度报告里再未列此类数据。

§7. 如果我们从法国和德国——法国的债权国地位与大不列颠基本相同，德国无论怎样都可以通过在国际市场上出售证券而纠正其即期债务余额——转过去看其他财力较弱的国家，我们会发现，这些国家的中央银行对外国票据和外国信贷的依赖，他们允许黄金升水的意愿以及他们在银行利率上明显的日趋乏力。我首先简要地提一下一到两个重要事实，然后讨论一下其深层意义，不过我最终的目的将始终不离就这些事实对印度事务的意义之探讨。

§8. 为阐明在欧洲一个完美的、自动运行的金本位制度是如何罕有，且让我们以1912年11月最近一次银根紧缩为例。彼时，巴尔干战争大战方酣，但欧洲的局势尚且相对缓和。与1907年底的危机相比，此时各国金融形势还比较平静。然而，就在那个月里，在法国、德国、俄国和奥匈帝国[1]以及比利时，黄金升水大约0.75个百分点。如此之高的升水就像银行利率大涨一样，对保留黄金效果奇佳。例如，如果升水未能成功持续超过三个月，那么，这段时间里一笔临时存款资金所增加的利润就会与贴现率上涨3个百分点一样多；或者反过来说，如果把资金转往国外值得一做，这就会要求增加利润3个百分点。

§9. 外国票据在德意志银行的资产组合中的重要性不断提高，这一点前文已经讨论过。奥匈帝国银行政策中外国票据和信贷的重要性早已名声在外，为人所熟知。它们一直都是其准备金的一个重要部分，也是在紧迫时刻才会首先使用的那部分。[2]据推测，1911年第三季度，奥匈帝国银行为了保住汇率，在奥匈帝国的市场上投放了价值400万英镑的黄金票据。在欧洲国家中，如今俄国以外国票据和国外结存形式持有的资

---

[1] 这一升水使奥匈帝国银行有了行使自己权利的可能性，从而拒绝自己的纸币和黄金自由兑换。

[2] 不过，在近来（1912—1913年）的反常情况下，该银行发现它不可能把这部分储备维持在这么高的水平上。

金总额最大——1912年11月共计2 663万英镑。[1]然而,有三个斯堪的纳维亚国家——瑞典、挪威和丹麦——的储备总额中,以国外结存形式持有的最高比例,在1919年11月共达700万英镑。就我的目的来说,这些例子已然足够。

§10. 就欧洲国家银行的储备资产而言,其中外国票据或外国信贷这部分的比例呈不断增长的趋势,这一趋势的背后到底有什么更深一层的意义呢? 我们从前文可以看到,英格兰银行的银行利率政策之所以取得成功,乃在于它采取的是间接的手段,使得货币市场的对外短期贷款减少,从而令即期债务余额转而对我们有利。在那些已然成为国际货币市场借款者而非贷款者的国家里,这种间接政策就不是那么可行了。在这样的国家里,我们不能指望银行利率的提升会迅速带来所期望的效果。因此,中央银行必须采用直接政策。如果一国货币市场不是国际货币市场的贷款者,那么,该银行自己必须努力成为某种程度上的贷款者。英格兰银行是贷款给持有票据或其他资产并在国外放贷的中间人。银行利率的上升,与给中间人施加降低银行承诺的压力相等同。在那些货币市场既不像外国那么发达,同时又无法自给自足的国家,其中央银行若要确保安全,就必须把事态的发展掌握在自己手中,亲自在短期内以贷款者的身份进入国际货币市场,而且使自己放在国外的资金,在有需要的时候能够迅速撤回。唯一的选择办法就是持有一笔很大的黄金储备,而这笔储备的费用几乎难以承受。这种新办法既安全又经济。正如众所周知的,与把自己的全部储蓄以现金形式放在家里相比,存入银行既安全又方便,所以,现在进入到货币演化的第二个阶段,各国逐渐明了把银行现金储备中的某一部分(目前我们还无法确知其比例)存入国际货币市场

---

1 这不包括俄国财政部账户上的海外资金。俄国财相在1913年3月的杜马预算会议上称,俄国存放在海外的国家资金总额为6 000万英镑。

可能会更妥当。这并非二流国家或贫困国家的权宜之计；它是所有那些已经取得了金融霸权、自身实际上并非国际银行家之国家的权宜之计。

§11. 因此，这 40 年里，在这个世界向金本位制度发展过程中（然而并未因之放弃自己的本币纸币或银铸代币），从中发展出了除了金块储备和银行利率之外的两种手段来保护本币。第一种手段是允许本币和黄金之间交易比率的微小变动，最大波幅可能也就是偶尔允许黄金升水 0.75 个百分点；这种办法可以对克服季节性或短期银根紧缩困境有所帮助，不至于将完全取决于本地交易的贴现率提高到危险的水平。第二种手段是让政府或中央银行持有一笔海外资金，这些资金可以在有需要的时候用来维持本币的黄金平价。

§12. 我们现在回到印度通货本身，来看它与其他国家通货之间的关系。这个光谱的一端是大不列颠和法兰西——短期贷款市场上的贷款人。[1] 光谱的中间是德意志——相对于其很多邻国，它是贷款人，但相对于法兰西和大不列颠以及美利坚合众国它又是借款人。紧随这些国家之后的是俄罗斯和奥匈帝国——它们富裕且强大，拥有者大量黄金储备，但是借款人，在短期贷款市场上依赖于它们的邻国。从这些国家的通货转到讨论那些亚洲的贸易大国——印度、日本和荷属东印度——的通货，可以很容易做到。

§13. 我认为，从诸如俄罗斯和奥匈帝国这类国家的通货转而讨论那些明确可以称为金汇兑本位的国家的通货，[2] 也很容易做到。金汇兑本位

1　我通篇刻意忽略了美国在这些问题上的当前做法。美国的发展和现状异于它邦，还宣称没有效仿者。美国的制度需要他们自己来讨论，我认为可能对研究印度的学者几乎没有什么有价值的经验教训可以传递。如果说它们依靠了谁，它们基本上盲目地模仿了印度。

2　我似乎讲过，好像日本名义上也是金汇兑本位制国家，但实际情况并不是这样。日本没有太把它的货币制度公之于众。但我相信，实际上日本的货币体制是可以公正地被归类到金汇兑本位制上去的。1912 年财政大臣在国会发言称，政府和日本银行在欧洲和美国持有黄金资金约为 3 700 万英镑。我认为，日本国内过去的黄金流通量并不足道。

制只是与这类国家相同的体制之更为规范的形式。印度和奥匈帝国（我们把它们作为例子）的通货体制背后的基本特征与货币逻辑并没有什么实质差异。我们知道，在印度，卢比交换价值上的波动是受到绝对限制的；我们还知道，政府在海外以黄金和信贷持有的储备金的准确数值；我们也知道，政府会在什么时候介入市场，利用它们的资金支持卢比。在奥匈帝国，这个体制不那么具有自动性，银行拥有较大的相机抉择权。当然，从细节上说，还是存在很多差异的。印度储备金中的海外信贷占比较高，其持有的这部分信贷流动性较低。它还在伦敦存有一定比例的黄金储备——这种做法使伦敦对印度来说不再是严格意义上的国外金融中心。另一方面，印度可能比奥匈帝国银行更愿意根据需求来供给黄金。如果我们从近年的经验中对之做出评断，可知印度倾向于首先使用它的黄金储备，而奥匈帝国则倾向于首先使用它的国外信贷。但就金汇兑本位制度的本质而言，两个国家是比较一致的——本币的使用主要不是黄金，某种程度上这两个国家都不愿意在国内让黄金与本币交换，但很乐意在某个最高价格上出售外汇兑付本币债务，也都愿意使用海外信贷来达成这个目的。

§14. 把金汇兑本位制仅仅说成是 19 世纪最后 25 年里欧洲国家发展出来的通货制度安排，当然不能证明该问题的正当性。但如果我们不把金汇兑本位制视为今天通货世界中的异类，而是把它看成通货演化的主流形态，那么，我们将能从这一货币体制的评价中汲取更为广大的经验，可能也是明智地对其进行详细评价的更佳立场。有一类无稽之谈如今甚嚣尘上，这种说法认为金本位要严格拥有黄金通货。设若我们一提起黄金通货，所指的乃是这种情况，那么，黄金在总体上如果是一个国家主要的或非常重要的交换媒介，则世界上不会有哪个国家存在过这类事情。[1] 黄金是

---

[1] 埃及是个例外。

国际通货，而不是本币。每个国家的通货问题都是要确保在有需要但又无法获得国际通货的情况下本币不出现风险，因之要持有一笔黄金，必要之时，能够动用其中与所需要的数额相符的部分。对每个国家来说，通货问题的真正解决之道必定受到该国国际货币市场地位之性质以及该国与主要金融中心的关系之性质的支配，也受到那些不审慎地干扰了通货运行的国家惯例的支配。如果想解决这一问题，我们就要尝试着对金汇兑本位制进行评价。

§15. 迄今为止，我们一直在关注通货的转型体制。我将以对金汇兑本位制自身的历史进行简要介绍来结束本章。然后，我们再从高度概括的讨论转过去研究印度通货体制的具体细节。

我们从金汇兑本位制的研究中发现，只要黄金可以按照与本币接近的固定价格偿付国际债务，则本币采取什么形式相对来说就无关紧要。

据说，当黄金无法在一国以可观的程度流通，当本币并不必然与黄金相兑换，而且当政府或中央银行按照本币兑换黄金的最高固定价格安排对外汇兑条款，那么，金汇兑本位制就在某种程度要求提供海外的储备。

在19世纪下半叶，有一种通货体制与金汇兑本位制非常相似，曾被实际用于规制伦敦和爱丁堡之间的交换。在金块论争时期，[1]李嘉图首次提出了这种通货体制理论上的优点。他认为，一种声称可以代表黄金且

---

[1] 18世纪末19世纪初的欧洲，由于经济迅速发展以及殖民战争的财政需求，促使各国政府大量发行纸币。而民众则不断拿纸币要求兑现金银，又使金银储备不断流出，引发纸币的不断贬值和金价的不断上涨。比如英国，由于纸币贬值和金价的多次上涨，引起了经济理论界对金价问题的火热探讨，这就是历史上著名的"金块主义"和"反金块主义"的论争。当时著名的经济学家、古典自由主义的创始人之一大卫·李嘉图，就是"金块主义"的代表人物。1809年8月29日，李嘉图在《晨报》上匿名发表了他的第一篇论文《黄金的价格》，其中指出，纸币贬值和物价上涨的原因，在于英格兰银行发行的纸币（银行券）过多。他竭力主张恢复原先的金本位制。——译者注

与黄金等价,又由廉价材料构成的通货乃是最佳的通货形式;他建议,可以制定**金条**(不是金币)与纸币交换的法定价格来确保外汇的可兑换性——如此则黄金既可以用于出口,也可以防止黄金进入国内流通领域。在1887年《当代评论》(Contemporary Review)的一篇文章里,马歇尔博士再次提到这些优点,为的是引起实业人士的注意。

§16. 近期在建立这类通货本位制度上的首次尝试是由荷兰做出的。1877年,荷兰暂停了银币的自由铸造。但荷兰的通货仍然主要由白银和纸币组成。自那个时候以来,在有需要的时候,银行会定期供给黄金用于出口,同时还利用自己的权力尽可能限制在国内使用黄金。为使这种政策具有可行性,荷兰银行一直保持着适当且尽可能少的储备,其中一部分是黄金,一部分是外国票据。[1] 在推行此政策很长一段时间里,这一政策多次受到严峻考验,但都成功地经受住了检验。

不过,必须予以注意的是,虽然荷兰把黄金和外国票据作为在任何时候取得海外信贷的手段,但它在任何一个外国金融中心都没有拥有一个信贷额度。采用海外信贷的方式,按照固定黄金平价持有代币储备的方法,是俄国在由不可兑换纸币向金本位转轨过程中,由威特伯爵(Count Witte)首先予以采用的——1892年秋天,财政部提议在柏林以2.18马克的价格买入外汇,然后以2.20马克卖出。同年(1892年),与上述通货体制相关联的奥匈帝国的通货体制建立了起来。与印度的情况

---

[1] 不过,在过去20年间,荷兰银行已经处理了其过剩的银币储备中的大部分,较之以前,荷兰银行如今已经逐渐变得更多地依赖自己的黄金储备,较少依赖外国票据了。在1892年到1893年,外国票据总额为1 801 409英镑,约占其总资金(不包括银币)的16%;在1911年到1912年,外国票据总额下降到了1 389 139英镑,约占其总资金(不包括银币)的5.5%。但交易媒介仍然似乎是纸币和白银,较之以前银行为奉行推动出口而持有黄金储备的政策时持有的金额,以及从流通中扣除的量并不更少。荷兰银行全部黄金储备采用的都是金块和外国金币这样的形式。(不过我要多说一句,在1912年年底,为避免重新开铸新的银币,曾有人提议引入面额为5荷兰盾的金币。)

一样,它们的汇率政策也在逐渐演变。目前的这种制度安排,因公众对纸币而非黄金的强烈偏爱,以及发行纸币必须持有足够偿付的外国票据的法律条款,而具备了实现的可能性。因为奥匈帝国银行到目前为止是维也纳外汇市场的最大交易者,所以,其汇率政策的推行更为容易。——正如印度政府的政策因其加诸外汇市场的政府票据权威性影响而使推行更为便利一样。

§17. 不过,虽然印度不是第一个率先推行金汇兑本位制的国家,但她却是第一个全面采用这一制度的国家。1893年,在接受了赫谢尔委员会的建议以及听从印度通货委员会的鼓励后,印度停止了白银的自由铸币。据信,停止铸币以及印度事务大臣拒绝以低于1先令4便士的价格出售其政府票据,这两个条件足够用来建立这个汇率了。彼时,政府尚且还不具备我们今天所拥有的经验;现在我们知道,除非在有利形势的影响下,否则仅凭这类措施自身是不够的。事实上,起先形势并不有利。汇率大幅低于1先令4便士,印度事务大臣不得不把他所能搞得到的政府票据脱手卖出。如果在停止白银自由铸币之时,在现有价格水平上对通货的需求迅速膨胀,此时采取良好的措施马上就能取得成功。但彼时对通货的需求并未膨胀,停止自由铸币前后立即大量发行的通货也已经充分满足了未来若干年的需求;——这就好像后来从1903年到1907年对新通货的需求异常之高,同时又伴随着贴现率也很高,接下来的1908年,对通货的需求戛然而止,进入了贴现率相对较低的一段时期。不过,有利的形势最终还是到来了,1898年1月,汇率稳定在了1先令4便士。当时任命的富勒委员会建议,把金本位作为最终目标。从那时以来,印度政府就采用了今天这套通货体制,或者说,印度的通货体制是在不知不觉中演变而成的。

§18. 印度所采用的这种形式的金汇兑本位制正是著名的林德赛方案(Lindsay Scheme)。当印度通货问题首度引起关注时,孟加拉银行副总裁 A.M.林德赛先生在最早的讨论中提出并倡导这种体制。林德赛先生一直坚持认为,"无论他们怎样,他们都**必须**接受我的方案。"他第一次给出这样的建议是在 1876 年和 1878 年。1885 年曾旧话重提。1892 年,他出版了一本名为《李嘉图的汇率治疗法》(*Ricardo's Exchange Remedy*)的小册子,再次提出这一方案。最终,他向 1898 年委员会详细解释了他的观点。

林德赛方案既受到了政府官员,也受到了金融界重要人物的严厉批评。法若勋爵(Lord Farrer)这样描述该方案:"对于普通英国人来说,他们认为所有通货都直接以有形黄金为支撑的偏见过于根深蒂固,所以,这个方案对于他们而言实在有些过于新奇了。"罗斯柴尔德勋爵(Lord Rothschild)、约翰·卢波克爵士[Sir John Lubbock,即埃夫伯里勋爵(Lord Avebury)]、萨缪尔·蒙塔古爵士[Sir Samuel Montagu,即已故的威斯特林勋爵(Lord Swaythling)]都在富勒委员会上作证称,如果没有有形的黄金通货,则任何通货体制看上去都令人生疑。艾尔弗莱德·德·罗斯柴尔德先生(Mr. Alfred de Rothschild)甚至这样说:"在他看来,没有黄金通货支撑的金本位制度绝无成功之可能。"除非实际经验已经向这类金融家证明了这套体制的可行性,否则他们是不会允许出现这类金融活动的。由此可知,他们将很少会支持这类新的方案。

§19. 由于印度的通货体制已臻于完善,其条款也广为人知,所以在亚洲和其他地方这一体制被广泛模仿。1903 年,美国政府以印度的通货体制为基础,公开在菲律宾引入了一套类似的通货体制。从那时开始,在同一政府的影响下,墨西哥和巴拿马也建立了这套通货体制。暹罗(泰国)政府也采用了这种体制。法国也在印度支那(中南半岛)引入了这套体制。我们自己的殖民地事务部已经在海峡殖民地(Straits Settlements)引入了这套体制,并打算在西非殖民地也将其引入。受荷兰影响的爪哇群岛已经存在类似的体制许多年了。日本的体制实际上也与此相同。众所周知，中国的通货改革尚未完成。金汇兑本位制是唯一一种可能把中国引向金本位制的途径，而另一种令人满意的政策（我国外交部的政策）起初是银本位制。美国所引领的一种强有力的舆论导向，倾向于以印度模式为基础直接引入金本位制度。

因此，可以公平地说，在过去10年，金汇兑本位制已经成为亚洲普遍的货币体制。我曾试图表明，亚洲盛行这一制度也与欧洲的普遍趋势紧密相关。作为一名理论工作者，我认为该通货体制包含着一种未来理想通货的基本要素——及人为地维持廉价的本币与国际通货或价值本位的平价。我们现在该转到具体细节上来了。 36

第三章 纸 币

§1. 印度通货制度的主要特征已经在第一章给出了梗概。现在我来继续描述一下它的纸币发行体制。

§2. 在现有条件下,卢比作为代币,实际上就是基于白银发行的银行券。就小额支付而言,人们使用它乃是出于风俗习惯和方便好用罢了。但就其本身来说则是一种浪费。当政府发行卢比时,并没有一个与铸币名义价值总额相符的准备金,只能维持一个名义价值和白银耗费之间的差额。[1]因此,对于大额支付来说,从经济的角度观之,重要的是鼓励最大限度地使用纸币,因为通过这些办法,政府就可以取得支持金汇兑本位制所必需的大部分准备金,也只有这样,才能在通货的季节性供给中引入适当程度的弹性。

§3. 根据1839—1843年诸法案,孟加拉、孟买和马德拉斯辖区银行均受到委托发行即期应付票据;但这些票据的使用实际上只限于这三个辖区城市。[2]这些法案是1861年被废止的,此时当局首次发行了纸币。

---

1 卢比含有$\frac{3}{8}$盎司的$\frac{11}{12}$纯度的白银。当标准白银是每盎司24便士时,对于政府来说1卢比的成本大约是9.181便士;当标准白银是每盎司32便士时,则1卢比的成本大约为12.241便士。自1910年到1912年5月,卢比铸币的平均利润率大约是其面值的42%。

2 也可以参看(原书)第199页、200页。

从那时候开始，印度政府不再允许任何银行发行纸币。

1859 年，詹姆士·威尔逊先生（Mr. James Wilson）发起政府发行纸币的提案，他是第一位去过印度的财政部成员。[1] 在他的方案生效之前，威尔逊先生就故去了。1861 年，这项提出构建纸币方案的法案变成了法律，但在一些重要的方面，该法律与威尔逊先生原初的提案有所不同。[2] 这一体制最终受当时盛行的应该合理管理纸币的非常强硬的思想观念的影响而建立起来，也是在当时的英国经济学家当中于 1844 年英国银行法中达至顶点的金块之争的结果。根据这些观念，纸币的合理原则有一：第一，纸币发行职能应与银行业务职能彻底分离；第二，"以政府证券为基础发行的纸币数量，应有一个定额，要限制在已经被证明乃一国货币交易之必需的最低数量范围以内，一定要拥有金币或贵金属作为准备金方能追加发行相应数额的纸币。"[3] 这些原则都是大家普遍赞同的，所有其他原则均"不合理"。印度事务大臣这样写道："这一规制纸币流通的合理原则是指 1844 年英格兰银行法案所强制推行的原则。"当然，在英格兰，银行家们立即开始着手恢复经济，恢复政府使用其他手段从英国通货体制中清除 1844 年银行法案所规定的通货灵活性；在他们的努力之下，支票体系在发展当前这种尽善尽美状态方面取得了巨大成功。国外为求规制纸币发行，已经尝试了各种新的原则，其中有一些原则也非常成功。印度仍然在使用 1861 年的纲领；但由于不可预见的际遇，该纲领中一些词语的含义已经改变，旧体制的漏洞在不经意间也可以发挥某些作用。当然，准备金中的很大一部分都是卢比金属铸币。1861 年，

---

1 对于历史细节，可以参看 J.B. 布伦亚特所著《管区银行记述》（*An Account of the Presidency Banks*）。

2 威尔逊先生曾提议把高比例的准备金（可能是三分之二）投资于政府证券。

3 参见印度事务大臣信中批评威尔逊先生原初方案的那部分〔1960 年 3 月 26 日，致查尔斯·伍德爵士（Sir Charles Wood）〕。

这些自由铸币的价值不会超过其金属本身的价值。当卢比变成人为赋予价值的代币时，它俨然也就保有了准备金的合法形式（虽然过了一段时间之后沙弗林也被增加成为另外一种备选货币）。这样一来，只要当局喜欢，他们就可以自由地以卢比代币的形式持有全部通货准备金，因此，这一准备金（正如我们在下文将要看到的那样）也就变成了银币卢比供给受到充分规制的机制之重要的一部分。不过，一旦纸币发行本身演变成了一种重要职能，那么，我认为，若然相机抉择权能够使通货准备金的用处大大扩大，则利用这一用处来充实印度货币市场机制的时机即已来临。本章后面的讨论我还会回到这一点。同时，我现在回过来对纸币进行讨论——不过，在我们思考它是如何演进时，我们务必记得纸币起源的背景。

§4. 政府纸币问世后的第一个四十年，虽然政府发行的纸币在一国通货体系中只占很小的部分，但它的重要性却一直在提高。这部分是由于一种至今已经逐步废止的制度安排，即为了纸币的流通，印度实际上被分成了几个彼此分离的地区。这些"管区"(circles)——他们这样称呼它们——目前有七个[1]，大体对应印度的几个主要省份，其纸币发行办公室如下：

加尔各答：孟加拉、东孟加拉和阿萨姆邦。

坎普尔：联合省。

拉合尔：旁遮普和西北边边疆省。

马德拉斯：马德拉斯管区和库格。

孟买：孟买和中央各省。

卡拉奇：信德省。

---

[1] 这是1910年所做的一个制度安排；之前，有四个管区和四个次级管区。至于管区和次级管区过去存在的关系，这里就不值得再一一解释了。

仰光；缅甸。

纸币[1]采用的是见票即付的政府本票形式，票面面额有 5 卢比、10 卢比、50 卢比、100 卢比和 10 000 卢比。因此，纸币的最低面额为 6 先令 8 便士。任何一家发钞机构都可以无限发行纸币，并用纸币兑换卢比或英国金币，或者 [按照总监理官（Comptroller-General）] 兑换金块。[2]

§5. 直到 1910 年，下面这些后续的安排仍然有效。

每张纸币都是其管区内的法币。任何管区内的纸币都可由政府见票即付；如果铁路公司接受了任何一个管区购买车票和货运票的纸币，也就可以从政府那里按照票面面值收取相应的卢比或英国金币。

但直到最近，尚且没有哪一张纸币在其管区外还是具有法币资格的，见票即付也只能在这些钞票最初发行的那个城市的发钞机构兑现。

除此之外，该法律并没有提出强制支付之义务。不过，为了公众的便利，每个发钞机构也会在力所能及的范围内兑现其他管区的纸币。一般情况下，只要没有什么不便之处，每个政府财政部门均可兑现或交换纸钞，这样的财政部门大约有 250 个；如果提供大额钞票兑现或交换有什么不便的话，一般而言也会给旅行者提供小额兑换。

§6. 很容易理解做出这些限制的理由。印度是一个幅员辽阔的国家，其贸易条件导致铸币的使用每年都此起彼伏。秋季的庄稼收割之际，繁忙的季节来临，卢比开始大量从省会城市流往农村；早春时节，人们把卢比带往缅甸，用于水稻种植所费；如此往复——到了夏天，卢比又慢慢重新流回到省会城市。如果政府允许在许多中心城市兑现其纸币，那么，政府自己就承担起了一年当中不同季节里铸币流动的成本和责任。当一国习惯使用纸钞进行支付时，用纸钞汇兑还是非常实用的。

---

1 对于后面段落里所列出的法律条款之含义，请参看《英属印度统计资料》（*Statistics of British India*），第四部分（a）。

2 更多细节请参看本书原文第 9 页。

但纸币发行当局若为汇兑提供便利,则在纸钞使用范围不断扩大并成为习惯之前,该当局会陷自己于一种艰难之境。另一方面,如果纸币成了通用法币,而又只能在省会城市兑现,则在一年内的某个具体时间里,铸币无疑会有升水。而这将会大大妨害纸币普及的推进。

因此,政府在使纸币除汇兑以外的其他方面有用和普及上是尽其所能了;纸币便于汇兑,也有助于纳税和积累财富,政府允许纸币用于这些方面不会产生什么消耗。但政府却不想看到纸币承担更多的责任。印度政府的实践,或许可以与德意志银行各分支机构的实践相比较。

另一方面,为了使用纸币而把国家分为若干管区的政治之目标,也比较清楚。法币使用区域的局限性以及见票即付机构的有限性也大大限制了纸币的普及。即便暂时有些损失,普及纸币似乎也是很值得一做。一旦公众对纸币能够随时且毫无疑问地换成铸币感到满意,他们兑现纸币的意愿可能会就大幅降低。如果政府担负起了这些责任,担负起规制铸币向不同季节产生需要的地区流动的费用,那么,长期当中政府会有什么样的损失,我们是不确定的。

§7. 金汇兑本位制建立之后,扩大纸币发行功能的重要性变得清晰起来;自1900年以来,提高纸币可得性的问题就不断地被推到前台。1900年,政府发布通告,就某些提案征求意见,其中就包括征求纸币"通用化"或使纸币在所有管区都变成法币的意见。有些权威人士认为,小面值纸币(5卢比和10卢比)通行起来可能是比较安全的,即便在较大范围内使用小面值纸币也不会有什么风险(因为比较麻烦)。正是按照这些思路,纸币的使用开始发展起来。1903年,5卢比纸币可以在缅甸之外的地区通用——也就是说,任何管区的5卢比都是法币,可以在除缅甸之外的任何发行机构进行兑现;1909年,连缅甸的限制也被废除了。

1910年,有关普及纸币的法律由新的法案予以巩固,在这方面又前进了一大步。10卢比和50卢比面值的纸币也成了通用纸币；通过行政命令用权力推进了大面值纸币的通用化。1911年，又实现了100卢比纸币的通用。"同时，在发行管区之外的其他管区收取更高面值的纸币用以支付政府欠款，以及对铁路、邮政和电报局的付款，均被行政命令叫停。""为把利用新的通用纸币进行汇兑的趋势降到最低，该新法案决定为银行家和商人们通过电汇在通货中心按政府优惠价格进行贸易汇兑提供便利。"[1]在之后的一年，纸币监理官报告称，不管10卢比和50卢比纸币的通用结果如何，都不会遇到什么困难；而且，多年来一直担心会阻碍纸币体系发展的各种麻烦，并没有成为现实。

§8. 这一系列连续的变化所产生的影响，使旧有的管区制度实质上已然失效。随着100卢比纸币成为通用法币，很难看到还有什么能够阻止公众用纸币进行汇款。这些"管区"不再有任何用处；如果这些管区从名义上以及实际上被废除，这更能够有助于让公众明白印度纸币发行的本质。

§9. 在旧的体制之下，无知的人们因持有着其他管区的纸币而饱受不便困扰，这种情况必定所在多有；在纸币不受信任之前，可能已经过去了很长一段时间，随着无法兑换的情境不再，对这种困扰的记忆也随之彻底消散。但与其他情况相结合来看，如下面给出的表所列之数字显示，纸币的通用化对其流通已经产生了惊人的影响。应该做出解释的是，（政府统计中）纸币**总**的流通量指的是已经发行但尚未偿付的所有纸币的价值；**净**流通量是这一总额减去政府在自己金库里持有的纸币之价值；**实际**流通量是这一净流通量再减去管区银行总部持有的纸币之价值。[2]就

---

1 《纸币监理官报告》，1910年。

2 在1893年之前，这些术语被以不同的含义来使用。净流通量到底是减去政府储备金库中的纸币，还是减去**全部**政府金库中的纸币，统计学语境里仍然语焉不详。我在后一种意义上使用这个术语。

某些方面来说，**实际流通量**是最重要的。但政府持有的卢比储备与总发行量之比，才是必要时用于流通的可获得的银币余量的最佳指标。

46　下面的表格给出了不同年份每个月最后一天的平均流通量：

表 1

年　份	(10 万卢比)			(百万英镑，按 1 卢比兑换 1 先令 4 便士计算)	
	总额	净额	实际流通额	总额	实际流通额
1892—1893	2 710	2 333	1 953	18	13
1893—1894	2 829	2 083	1 785	19	12
1899—1900	2 796	2 367	2 127	18.5	14
1900—1901	2 888	2 473	2 205	19.5	14.5
1902—1903	3 374	2 735	2 349	22.5	15.5
1904—1905	3 920	3 276	2 811	26	18.5
1906—1907	4 514	3 949	3 393	30	22.5
1908—1909	4 452	3 902	3 310	29.5	22
1909—1910	4 966	4 535	3 721	33	25
1910—1911	5 435	4 648	3 875	36	26
1911—1912	5 737	4 949	4 189	38	28

下面这张表格给出了每年 3 月 31 日以百万英镑为单位的纸币流通总量：

表 2

年　份	百万英镑	年　份	百万英镑
1900	19	1909	30.5
1902	21	1910	36.5
1904	25.5	1911	36.5
1906	30	1912	41
1908	31.5	1913	46

下面这张表格给出的是以百万英镑计的每月平均流通量（全部按 1 卢比兑换 1 先令 4 便士计算）：

表3   单位：百万英镑

5年年终	1880—1881	8.5
〃 〃	1885—1886	9.5
〃 〃	1890—1891	11.5
〃 〃	1895—1896	19
〃 〃	1900—1901	17.5
〃 〃	1905—1906	24
〃 〃	1910—1911	32
本年度	1911—1912	38

§10. 对发行纸币必须持有的准备金的管理规则非常简单。这一准备金有一个固定的最大额，其额度通常是由法律确定，其中主要部分是印度政府的卢比证券。截至1890年，准备金的投资部分总额为6 000万卢比[1]。1891年增加到了7 000万卢比，到了1892年，这个数额为8 000万卢比；1897年达1亿卢比；1905年为1.2亿卢比，其中有2 000万卢比是英国政府证券；1911年达1.4亿卢比（合933万3 000英镑），其中有4 000万卢比（合266.6万英镑）可能是英国政府证券。如此一来，准备金投资部分的累积利息以"纸币流通利润"为名记入政府的总收益。这部分利息低于纸币发行部门的成本。现在，该利息每年可达30万英镑。

截至1898年，除了这些投资部分，印度准备金中所有剩余部分都是银币。在《1898年金钞法案》(Gold Note Act of 1898) 下，印度政府有权持有部分金币作为贵金属那部分的准备金。1900年法案授权印度政府将此一部分黄金存于英国，但这项权利只能用于临时便宜行事之用；虽然1899年和1900年也有部分黄金存于伦敦，但它不是永久政策之一部分。不过，1905年法案赋予了政府全权在伦敦或印度存放任何数额，或两个地方各自存放一半，而且只遵守把所有卢比铸币都存于印度而不是伦敦的做法，政府也可以持有金币或金块，或者持有卢比或银块。实际数字

---

[1] 原文用了"lakh"这个单位，这个单位表示"10万卢比"，本处我们直接换算成卢比。——译者注

在下面的表格中给出来了，这些数字表明了在某些日期政府所持有的黄金储备。

表4　纸币准备金中的黄金　　　　　单位：百万英镑

3月31日（年）	印　度	伦　敦	总　额
1897	0	0	0
1898	0.25	0	0.25
1899	2	0	2
1900	7.5	1.5	9
1901	6	0	6
1902	7	0	7
1903	10	0	10
1904	11	0	11
1905	10.5	0	10.5
1906	4	7	10.5
1907	3.5	7	11
1908	2.5	3.5	6
1909	0	1.5	1.5
1910	6	2.5	8.5
1911	6	5	11
1912	15.5	5.5	21
1913	19.5	6	25.5

表5　1913年3月31日的准备金分布状况　　　　　单位：英镑

卢　比	11 000 000
印度的黄金	19 500 000
伦敦的黄金	6 000 000
证　券	9 500 000
总　计	46 000 000

§11. 印度准备金中的黄金最初是通过卢比交换沙弗林自动运行的规律来积累的。我们从表4可以看出，黄金在1898年汇率达到平价之后开始流入。当1900年黄金积累达到500万英镑时，按照富勒委员会的建议，政府力促黄金进入流通。[1]这一尝试相对来说失败之后，如前文所

---

[1] 见本书原文第73页。

述，1905年法案通过，由此成立了英格兰纸币金库，到了1906年，历年所积累的黄金中约有三分之二被移到了这个金库里。这笔资金存放于英格兰银行，但没有算在英格兰银行自己的准备金里。如此转移而来的这笔黄金被称为"专用金"（ear-marked）。这笔资金完全处于印度事务大臣的掌控之下。就英格兰银行的账户来看，向金库转移黄金被计入出口。至于把多少黄金放在英国，多少黄金放在印度，这方面的政策随时间而不时变化。我将在第六章对此进行讨论。

§12. 这些都是与法律相关的主要事实。不过，对政策的重要考虑并不会如此直白地浮于表面。自1899年以来，纸币的流通量已经翻倍还不止，但准备金的投资部分增加仅有40%。随着纸币发行制度变得越来越稳固，纸币的使用越来越广泛，准备金中有一个一直在增长而非减少的部分一直是以流动性资产的形式保有的。这乃是由于政策的蓄意变化所致，也是由于新的思路下对准备金流动部分的使用所致。金块储备不再仅仅是用来维持纸币兑换的能力。如今，持有黄金也是印度事务大臣在萧条之时用来支持汇率、维持卢比的黄金平价的工具。出于这个目的，政府甘愿放弃增加投资所带来的额外利润，代之以稳步增加准备金中的黄金部分（如原书第49页表格所示）。如此一来，纸币储备就被用于为整个通货体系的第一道防御线提供黄金，因之我们几乎无法区分金本位准备金的真正来源。

在现有条件下，抛开政府手中持有的其他准备金形式而单独讨论纸币的准备金政策并没有什么益处。作为当前的现实问题，准备金问题我们留待第六章讨论。本章我希望从一个宽泛的视角，即从可能更为遥远的将来的视角出发，来探讨适当的政策问题。

§13. 在纸币成为一个国家通货的重要组成部分时，当前的货币政策就设计出来，而此时的货币流通体系仍然极大地限制了纸币的用途。起先纸币打算且只打算用作白银凭证。在英格兰银行纸币发行制度和英格兰银行法——这是一项对英格兰纸币的重要性造成破坏性影响的法令，而且人们虽然做过一些尝试，但却发现不可能对使用纸币的欧洲国家进行模仿——的影响之下，此时所形塑的支配准备金的规则（参看§3）对于现代通货研究者来说几乎都非常原始。正如我在第二章所强调的那样，对印度来说，英格兰的通货模式可能是最差的模式；这是因为，没有哪个国家的状况像这两国那样截然不同。现在，世界各地在纸币发行方面已经积累了大量经验，如果印度的英国管理者能够充分把印度从英国的传统和各类先入之见中解脱出来，则这些经验某一天也会适用于印度。让我先简要讨论一下印度季节性货币需求的性质；然后，讨论一下印度货币发行制度中与其他典型的使用纸币的国家不同的地方。

§14. 与大多数纸币体制国家所发生的情况形成对比的是，在秋季和春季忙碌的季节，印度纸币的**总流通量**是在减少而不是在增加。之所以如此，乃是因为政府财政部门、管区银行，可能还有其他银行和大商人，把纸币的使用视为避免农闲季节没有人要用卢比时保管大量白银的便利手段。[1]也就是说，他们在夏季把剩余的卢比存进了纸币储备里，以纸币的形式持有他们自己的准备金；而当国家出售粮食而使卢比减少时，这些纸币便可拿来付现。但是在淡季，纸币基本上都掌握在某个阶层的人和一些机构手中，这些人和机构发现，持有纸币最是方便。在旺季，纸币会分散到全国，暂时握于小人物之手，也就是掌握在那些出售谷物的耕作者和小额贷款者等人手里。这些人习惯于小额交易，在这类交易里，卢比是最方便的交易单位；要么是这些人还不了解纸币的用途，因此仍然偏爱收取真正的铸币。

§15. 不过，纸币本身也被用于推动谷物的流通，使用的范围在不断

1　管区银行总部所持有的大部资金一直都是纸币，而且主要是大额纸币（面值1 000卢比和10 000卢比）；例如，1911年12月31日，所持有的4 800 000英镑中有4 200 000英镑都是纸币。

扩大；虽然在旺季纸币的**总**流通量会由于刚才给出的那些原因而下降，但**实际**流通量（即排除政府财政部门和管区银行所持有的部分之外的流通量）则如我们所预料，在每年的这一时节却是增长的。因此，当我们考虑应该维持流动性储备在多大比例时，或者说，在旺季，纸币发行的哪一部分起到了货币供给所必要的弹性作用，我们必须考虑，起到积极作用的与其说是总流通量，倒不如说是实际流通量。表6给出了这些数字（单位：10万卢比）：

表6

每月最高和最低的实际流通量	1906—1907		1907—1908[1]		1908—1909		1909—1910		1910—1911		1911—1912	
	1	2	1	2	1	2	1	2	1	2	1	2
最低												
6月	3 115	1 441	3 504	1 301	3 113	1 412	3 419	1 510	3 658	2 037	3 844	1 978
7月	3 243	1 287	3 443	1 589	3 158	1 652	3 431	1 722	3 656	2 260	3 915	2 114
8月	3 211	1 359	3 430	1 747	3 190	1 271	3 549	1 625	3 686	2 120	4 099	1 870
最高												
1月	3 554	911	3 320	862	3 367	854	4 147	1 037	3 967	1 145	4 414	1 056
2月	3 607	942	3 328	938	3 436	950	4 145	912	4 095	1 257	4 458	1 261
3月	3 645	1 050	3 261	1 428	3 495	1 054	3 998	1 443	4 017	1 428	4 461	1 675

第一列：实际流通量。第二列：政府财政部门和管区银行持有量，即总流通量减去实际流通量所得的数字。

因此，我们可以从这张表格看出，在旺季，管区银行和政府财政部门持有的纸币减少了7 000万到1亿卢比，低于淡季的最高数字。旺季实际流通量的增加额超过淡季最低数额大约4 000万卢比（按照1911—1912年最近一个年度的数字来算，超过6 000万卢比）。当然，旺季所需的通货量的总增加量所占的比例并不是很高。但这个量值值得深思，这些数字从一个更加有利的角度反映了旺季的纸币发行成了通货的一个来源，这与通常所认识的情况不同。纸币和卢比在贸易的季节性需要满足中所

---

1 非正常年份。

具有的相对重要性,可以在表 7 中得到很好的展示:[1]

表 7　纸币进入流通的净吸收量(以 10 万卢比计)(＋)或通货从流通中的回流量(－)

年　份	4 月到 6 月		7 月到 9 月		10 月到 12 月		1 月到 3 月		全年	
	卢比	纸币	卢比	纸币	卢比	纸币	卢比	纸币	卢比	纸币
1905—1906	－116	＋83	＋339	＋58	＋1 139	＋175	＋88	＋101	＋1 450	＋417
1906—1907	－24	－148	＋600	＋220	＋1 068	＋310	＋156	0	＋1 800	＋382
1907—1908	＋182	－141	＋145	＋29	＋735	－126	－670	－146	＋392	－384
1908—1909	－798	－148	－718	＋198	＋339	＋112	－311	＋72	－1 488	＋234
1909—1910	＋47	－76	－58	＋286	＋1 065	＋130	＋268	＋163	＋1 322	＋503
1910—1911	－287	－340	－100	＋147	＋722	＋144	－1	＋68	＋334	＋19
1911—1912	－130	－173	＋220	＋262	＋499	＋356	＋565	－1	＋1 154	＋444

在表 7 中,管区银行中的卢比(而非纸币)也被视为处于流通之中。我认为,把它们排除出去对于我们的分析会是一个麻烦,对结果几乎不会有什么影响。管区银行准备金中主要的可变部分是纸币,这些内容都正式列入了本表。

表 7 极富启发意义。它表明,纸币供给是季节性需要所要求增加的通货中日益重要的部分。它还表明,对纸币的需求年复一年地呈现出比卢比更为稳定的特征。从 1907 年直到 1908 年秋季的萧条时期,卢比的实际流通量比纸币的实际流通量受到更大的打击;因为在 1908 年 1 月到 6 月的六个月中,卢比流通量下降了 1 亿 4 680 万,而纸币的实际流通量减少了 2 940 万,1908 年 1 月到 9 月这 9 个月时间,前者下降了 2 亿 1 860 万,而后者下降了仅 960 万。[2]

§16. 我们现在回过来讨论三个突出特征,这三个特征彼此间联系紧密,而且是把印度纸币体制与大部分主要使用纸币的国家的通货体制区分开来的主要特征。

首先,印度的纸币发行功能与银行的其他功能是完全分离的。票据贴现是银行职能中的一种。一国若有中央银行,则中央银行拥有纸币发行权,为了贴现更多的纸币,中央银行通常也能在一年的某个季节增加

---

[1] 本书第四章我们讨论黄金所起到的作用。
[2] 请参阅 1909 年的报告。

纸币的发行，只是要受到各种限制。

其次，在一个像印度这样没有中央银行的国家，也就不存在政府的银行家。的确，政府只在三家管区银行持有一些资金（通常多于 200 万英镑）。但它们或在伦敦持有大笔流动资金，或在印度自己的财政机构持有现金资产。因此，与美国一样，政府拥有一个独立的财政体系。这就意味着，在一年的某个季节赋税最快速地流入时，或者也是资金从货币市场撤出时，它的做法与美国一样。这一体制在美国所遭遇的困难和不便，对于了解该国最近的金融史的人们来说可谓耳熟能详。一定程度上，这一体制在印度所产生的不良后果则因这些资金向伦敦转移而被抵消，印度境内积累的通货也需要通过出售政府票据来释放。但这并非完美的解决方案。

第三，而且是最重要的一点，乃是源自前两点。印度境内的通货（即，除去从外国进口的资金之后）内在里是完全缺乏弹性的。没有任何办法可以**在印度国内**采用某种信贷工具**暂时性地**扩张货币，从而满足常规的周期性季节贸易需求。使用支票的国家可以通过银行创造信用来解决这一困难；而大部分使用纸币的国家则通过中央银行贴现比往常更大规模的国内票据来克服它，这样一来，在不会相应地增加贵金属准备金的情况下可以暂时增加纸币的流通量。除了使用支票的一定比例的商业经营（这些主要在管区城镇）之外，印度还没有什么与此相应的办法。新增的通货无论是纸币还是卢比，仅可以通过以下两种方式取得——通过在伦敦购买政府票据，或者从伦敦带回沙弗林。新增的纸币或卢比可以通过向政府票据付款或与沙弗林交换取得，除此之外别无他法。交易媒介的暂时性增加只能通过从海外带入资金而取得，这一事实部分地解释了印度在旺季时的高贴现率。这个问题将在第八章进行更加充分的处理。但我们先简要地介绍一下主要的观点：如果短期内（比如三个月）可以从海外吸收资金，那么，利率必然高企，足以偿付**双向汇**

兑的成本,之所以会这样,乃是考虑到印度和伦敦两地的遥远距离使然。如果有哪个权威机构能够在旺季于印度创造信用货币,那么,贴现率升到如此之高并无必要。

§17. 因此,对现有制度安排的反对意见基本上是由于国家银行的缺位造成。我们将在第六章和第七章对此进行进一步的讨论。印度应该拥有一间多少与印度政府有关联的国家银行,此殆无异议。政府逐年开始介入更多的基本银行业务,随着时间的推移,人们会越来越反对把现代国家银行的某些职能与其他银行职能分离开来。但也有一派颇值得关注的舆论支持这样的看法:在印度建立中央银行的时机尚未成熟。与此同时还有一个疑问:是不是还存在着解决上述弊端的任何局部性的补救措施呢?

§18. 我倾向于认为这样的补救措施是可能的。限制纸币发行所必须持有的准备金,这种做法并无必要。除却永久性的投资部分之外,全部准备金必须是黄金和白银。这种做法乃是模仿英格兰纸币发行的规则而来。但欧洲的纸币发行银行给出了更好的范例。用法律规定准备金的一定比例(譬如三分之一[1])必须以金币或银币的形式持有,是一种不错的选择。目前,还有一部分可能是以永久投资于印度政府证券这种形式持有的。至于余下的其他方面,我认为政府应该给自己留出更大的活动空间来。在适宜的安全范围之内,政府可以自由地在印度或伦敦把准备金借出去,期限只要不超过三个月就可以。在伦敦,政府也可以像目前贷出金汇兑本位制的现金余额那样(参看第六章),以相同的条件借出准备金。在伦敦贷出款项,在技术上更方便些(原因可见英文原版第172页),但这仍然无法解决印度通货体制缺乏弹性的问题。因此,准备金中的一部分应该**在印度贷出**。由是观之,具有适宜安全性的乃是印度政府

---

[1] 适当的比例部分取决于针对金本位准备金而推行的政策。

证券（可以间接增加卢比纸币的市场效应）以及最高级别的汇票。在这里不值得去详细讨论政府在印度贷出资金应该采用何种方法最为恰当，是走现金余额，还是走纸币储备。无论是不是只通过管区银行来完成资金出售，还是如其在伦敦市场上一般，为印度市场拟定一份政府基金借款人的核准名单，对印度货币市场的影响毫无差别。不过，这样可以取得所需要的弹性要素，印度当前在货币扩张问题上对伦敦的绝对依赖也会得到改变。在第六章和第八章，我还会再次回到这个提议上来。只有我们全面讨论了印度事务大臣的准备金问题，详细研究了印度银行利率的变动，我们才能理解其全部的效力。

最近，在印度，支持从政府现金余额中对外贷款的观点甚嚣尘上。只要这种观点需要某种新的机制，根据这种机制，政府才能在印度国内的适当场合贷出资金，如此一来，这种观点所寻求解决的弊端才成为真正的弊端。我相信，前文所提议的那种办法乃是解决问题的正确方式。

§19. 这个问题我们将在第六章、第七章和第八章予以总结。不过，为避免在两点上造成误解，这里有必要略表数言。在刚刚过去的一段时间里，使用纸币准备金作为总准备金的一部分，从而确保卢比的绝对稳定性，这是非常之必要的。我不赞同以金本位制的稳定性为代价，或在其他方面采用充分手段确保金本位制的稳定性之前，把准备金或现金账户中的任何一部分在印度贷出去。但我认为，除适当的金本位准备金之外，就稳定金本位制这个目的而言，不再需要整个纸币准备金流动部分时，这个时候，时机实际上就到来了。旺季不久就会到来，此时，政府可以在印度贷出其一部分准备金而丝毫不会损及印度通货体制的稳定性，而且还大大有利于印度贸易的发展。至少，政府有力量可以做到这些。

§20. 还有一点是这样的。上文我们曾谈及，要在印度通货体制中引入一定程度的弹性，在诸如1905年到1906年的秋冬季节或者1912年到1913年的秋季，这种做法并不是很有用处，当时，对卢比的需求已经达到很大规模，铸币厂只有拿出巨额铸币才能满足。这类新增的通货只能由海外的进口资金来提供。但海外进口资金是永久而非暂时性的货币增加。每次这样的货币增加，都会在接下来的季度出现对新铸币的类似需求的减少。这并不正常，近来的历史似乎表明，印度的这些永久性货币增加并不是年复一年缓慢而稳步增加而来，而是隔段时间就突然出现。因此，在正常的年份里，可能就会出现超过货币安全所需数量的大量卢比闲置在准备金里。印度银行家和商人们为了让通货有一个净的增加，在伦敦购买沙弗林或政府票据来达成。如果新增通货的用途只是临时性的，那么，除非印度的贴现率被强行提高到一个很高的水平，否则，运输或汇兑的成本之大，足以令他们认为取得这笔新增货币并不值得。如果在这类情况下，政府以高级别证券为准，在 5% 乃至 6% 的利率上自由地贷出一部分卢比，而且还防止贴现率达到这样的一个水平：贴现率的上升不是由于殷切的期望，而只是由于伦敦和加尔各答之间的距离所产生的费用使然。

第四章 黄金在印度的现状和黄金通货提案

§1. 1898 年富勒委员会自己公开表示支持在印度发行黄金**通货**并最终建立金**本位制**。他们的报告第 54 段这样写道:

> 我们支持把英国的沙弗林作为印度的法定货币和通行铸币。我们还考虑,根据现有的条件和情况,比如根据现在适用于皇家铸币厂三家澳大利亚分厂的条件,放开对黄金铸币的限制。在同样条件下,结果会是沙弗林将同时在英国和印度铸造、流通。就像我们期待以黄金的自由流入流出原则为基础在印度建立有效的金本位制一样,我们推荐这些举措并期望得到采纳。

他们提案中的第一部分立即得到了推行,1899 年,英国的金币沙弗林按照 1 英镑兑换 15 卢比的汇率成了法定货币。起初来看,好像他们关于实施黄金通货的更进一步的目标可能也要马上实现了。印度事务大臣和总督委员会均接受了在印度自由铸造金币的原则,1900 年,克林顿·道金斯爵士 (Sir Clinton Dawkins) 实际上也宣称,为此目的要在孟买建立铸币分厂。与此同时,§4 中所描述的那种尝试,即力图让沙弗林进入流通的尝试也在进行。但这一尝试失败了,而且克林顿·道金斯爵士的提议也从未得到推行。正如 G. 弗利特伍德·威尔逊爵士 (Sir G. Fleetwood Wilson) 在 1911 年的立法会议上所解释的那样:

皇家铸币厂提出的许多技术问题和其他困难，最终耗尽了寇松勋爵（Lord Curzon）政府的耐心。其间寇拉金矿公司为再英国出售其产品，几乎已经达成了协议；他们在孟买炼制黄金和铸造金币的愿景——这是我们的黄金铸造的主要项目——就这样被拖延了下去。在这种情况下，政府于1902年决定暂停这个项目，一直等到当地对金币有了更强的需求再说。

不过，对这一事件的叙述很难公平地对待英国财政部在破坏这一项目上所发挥的作用。后来出版[1]的官方回应表明，正如G. F. 威尔逊爵士所言，两年来（从1899年到1901年）他们制造的一系列技术困难，很少掩盖得了他们对整个提案的敌视态度。不过，最终（在1901年5月）政府安排了一项计划，接受在英国国内铸造金币的同时在印度也铸造金币。在有关于此的谈判上，财政部官员的自然本性暴露无遗，对印度事务部独立性的尊重全部被摈弃了。以技术难题这一形式布设的第一道防线被攻克之后，他们退而求其次，转过来求助于公开讨论整个项目从印度的立场看是否明智：

> 当他们对目前已经达成的协议表达他们的满意时，阁下认为，在采取实际步骤推行这一方案之前，应该邀请乔治·汉密尔顿勋爵（Lord George Hamilton）来审议最初提出的赞成在印度铸造沙弗林的各种观点，考察在该提案提出两年后该事件的影响是否仍未消除，建立铸币分厂所带来的日益增长的优势是否与由此增加的成本全然不相称……金本位现在是坚实地建立起来了，公众没有要求印度政府证明其没有回到原有政策的意图，这已经超出了我们的争论范围。一旦在现有条件下有所需求，沙弗林很容易就可以流向

---

[1] 1913年，英国下院，第495通。

印度。……另一方面，印度政府可以用于铸币的黄金估计量要少于先前的预计量，一段时间之内，预计无论如何都很难有所增加……工作人员不得不在一年的大部分时间里尽力维持印度财政部的可观成本……当然，是不是无视这些反对意见而继续推行这一计划，尚需由乔治·汉密尔顿勋爵来决定。

印度事务部的答复是这样的：

为了在印度铸造金币而设立铸币厂是新通货体制即将生效最清晰的外部信号；现在放弃这一提案必然会引起关注，并且引发批评和不安……阁下并不打算在现今所达到的阶段放弃这个计划。

财政部的回复有理有据：

阁下不会认为，为了采用金币而提出一种商业社会不需要、也不想要的货币机制，能够强化金本位制在印度的地位，或者公众会相信政府确立的目标；另一方面，黄金铸币的失败或只有部分成功，无疑会受到反对金本位政策的人所指责（尽管没有什么正当的理由），把它作为认定这个政策存在缺陷的证据。

财政部的观点理所当然取得了成功。与关注铸币厂协议的印度政府（即前文 G. F. 威尔逊爵士的讲法）协商之后，印度事务大臣（于 1903 年 2 月 6 日）同意无限期推迟该项目。"印度政府对这种突如其来的退却，也就是从迄今为止被认为自 1893 年开始实施、经由 1898 年货币委员会推荐而明确设立的货币政策上的后退，未曾对公众做出过任何解释。"[1]

§2. 从 1903 年到 1910 年，就再没听到有人提出过积极鼓励黄金进

---

[1] 这段引文摘自 9 年后印度政府致印度事务大臣的一封信（1912 年 5 月 16 日）。

入流通的提案。但这种意图也从未被否定过,在 1910 年预算辩论中,时任财政大臣詹姆斯·麦思顿爵士(Sir James Meston)这样发言称:

> 我们开阔的行动路线和我们的行动目标均明确无误,在向我们的理想前进的过程中,不曾有过什么重大或根本的牺牲。正是由于富勒委员会的积极推动,我们的进步一直实实在在,未曾中辍。在理想实现之前,我们仍有一大步需要迈越。我们已经把印度与世界其他使用黄金的国家联系起来,我们已经建立起了金汇兑本位制,这个制度我们正在稳步发展和改善。接下来的一步,也是最后一步,就是实现真正的黄金通货。我极为期盼这一天将及时到来,但我们不能强迫它的到来。我们的银行制度的落后,人们的习惯和犹疑态度,合作尚在初期阶段——所有这一切都横亘在我们的前进之路上。不过,当这个国家万事俱备之时,这最终的一步将会到来。我深信,这一天不会再被耽搁;这是因为,当它到来时,它将会把我们当下所遇到的一切错误、一切不便与惺惺作态一扫而空。

1911 年 3 月,事态被推进了一步,盖伊·弗里德伍德·威尔逊爵士(Sir Guy Fleetwood Wilson)在立法会答复维塔尔达斯·撒克赛爵士(Sir Vithaldas Thackersey)(他曾主张铸造 10 卢比面额的金币进入印度的实际流通中)时称:"自 1902 年以来发生的诸多事情证明,重新讨论这个问题理由已然很充分。"在 1912 年 5 月 16 日给印度事务大臣发去的一封急件里,印度政府提出开办孟买铸币厂铸造沙弗林。这是一封非常令人感到困惑的文件。它主要是想说,在印度增加金币的使用会有利于印度的通货体制。但是,除了这一点可取之外,它并没有清楚表明以哪一种方式建立铸币厂方能实现预期的目标;事实上,它明确承认:"之所以提出开办黄金铸造厂,并非要引发更多黄金流入印度。实际上,我们也认识到,我们的目的肯定无法实现。"这封急件读起来的感觉好像是试图调和所曾表述过的分歧与矛盾的观点。然而，英国财政部却再次出手相救。他们曾明确要求，虽然有些不便，但铸币厂应处在帝国管理之下，抑或铸币分厂应与英帝国完全分离，但这又会带来昂贵的费用。于是，在1912年10月18日发出的一份快件中，印度事务大臣建议印度政府，10卢比面值的印度金币可以在孟买铸造，以取代沙弗林。印度政府回复称，他们更偏向于英国财政部切合当时情况的这一建议，他们意欲就此征询印度人们的意见。这就是当前事态发展的情况。

以我观之，自1900年以来，印度政府在金币本位制方面的实际政策是合宜的。但这些谈判表明，对于当前体制的优越性，当局仍然狐疑不定。

§3. 直到1870年，英国通货体制一直是其他国家艳羡的对象，人们认为，这一体制实际运行中的优点乃是源自英国实际流通媒介是黄金的事实。大家认为，维持绝对稳定性必然是唯一真正安全之途径。德国此时也开始构建起金本位制度，为了能够拥有最大量的黄金经过转手进入实际流通领域，德国相应地把纸币发行限制在面额为100马克以内。出于同样的原因，商业界对戈申勋爵（Lord Goschen）在英国发行1英镑面值的纸币表现出根深蒂固的敌意。而其他国家（几乎没有例外地）发现，用黄金做交易媒介，其支出高得惊人，它们虽然对英国艳羡不已，但却难以承受这样的负担，甚至当时它们都无法承担得起改变其固有习惯的费用，也要修改法律从而使金币进入流通。

但是近年来，出于我在第二章所阐述的各种原因，通货的演化已经到了新的阶段，所有这一切都发生了改变。在英国，现金支票的使用变得非常普遍，以致金属铸币已经变成次要的交易媒介。在德国，1876年的政策已经被新近修改的银行法案经过慎重考虑后给推翻，现在发行20马克面值的纸币还有一个审慎的目标，就是把尽可能多的黄金留在银行里，尽可能少地在流通中耗费。这项新政策所及可能在将来还会扩大。1913年1月，德意志银行总裁在德国国会预算委员会发言时称，

1906 年定下的禁止面值 20 马克和 50 马克的纸币发行量超过 1 500 万英镑的规定应该废除，1912 年这两项的纸币发行量已经超过所限 1 150 万英镑。他又称，从正确的政策角度出发，必须增加纸币的发行，如此则可以在储备中保有更大数量的黄金。

在其他那些实际通货即为主要交易媒介的国家，把黄金作为换手交易媒介的企图大部分已经被放弃。在过去 10 年间，很大一部分新增黄金都流入了国家银行的准备金里，只有相对较小的一部分进入了流通。例如，奥匈帝国在 1892 年通货改革之后，曾试图像印度那样迫使黄金进入流通。很幸运，他们失败了。奥匈帝国银行现在尽可能把所有黄金都放入其中央储备中，他们不大可能再去尝试把黄金散发出去了。同样的事情也出现在俄国。费尽艰辛建立起金本位制度之后，他们从先前放弃的理论出发，宣称黄金通货乃是自然而然的结果。我们还可以给出其他例子。金本位是现在通行于世界各地的规则；但黄金通货则是个例外。人们仍在不断念起的二三十年前的"理想通货"（sound currency）的箴言，但这些箴言并没有能够成功地且实际上根本没有影响到现实活动。现在，只有埃及才是这个世界上唯一把金币作为主要交换媒介的国家，我想这样说是不会有错的。[1]

产生这种变化的原因显而易见。我们已经看到，黄金流通成本非常之高，难以承受，大经济体可以用某种更为低廉的替代品来安全地取代黄金；我们还进一步发现，人们口袋里的黄金在遭遇危机或遇到外汇外流时并非毫无用处，最起码可以用来抵偿外汇的流失。出于这些原因，一国的黄金资源必须被集中起来。

---

1 埃及和苏丹流通的辅币（银、镍和铜铸币）价值据估计不超过 360 万埃及镑，而埃及国家银行的纸币（主要在大的市镇通行）约为 240 万埃及镑。其余通货则由金币（主要是英国沙弗林）构成。因此，埃及当前的情况正是许多印度通货改革者意在追求的理想目标。

经济学家长期以来均持这种观点。[1] 李嘉图所提出的关于理想且经济的通货之建议是基于把黄金保存于实际流通之外的原理给出的。穆勒(《政治经济学》,第三卷第二十二章第二节)主张"因为输出所必需的黄金几乎总是取自各银行的准备金,在银行还有偿付能力时绝不会直接取自流通领域。"[2] 1891 年,戈申在伦敦商会上这样说:

> 我们只拥有人们每日所需的有效流通量。你们不能为了增加你们的中央黄金储备而把这种有效流通量任意压缩。你们可以把利率提到 6% 或 8%,但大部分人口袋里的黄金不会比以前少,而且我怀疑从其他方面看你们是否有能力增加你们的中央储备。

认为人们口袋中的黄金与持有通货准备绝对无干,虽然不是什么新理论,但几乎直到最近,最高当局才相信,除非黄金在英国实际流通,否则金本位制不可能稳定。实际的金融从业者对这相反的观点充满怀疑,只是到了近些年,这个观点也变得足够强势,从而支配各种政策。不过,最终,政府还是转变了原来的观点,如今对那些要在政府储备和流通领域之外保有黄金的观点,他们还是感到忧虑,就像以前他们持相反观点的时候一样忧虑。

当政府对这些事情不像现在这样那么相信时,当不加鉴别地对英国所建立起来的、在 19 世纪下半叶取得良好运行的制度进行模仿成为一种时尚时,对真实的黄金通货之偏爱就不再是一个时代的遗风了。

§4. 现在让我们把这些总体的思考运用到印度的情形上来。1900 年,根据 1898 年通货委员会的建议,政府很严肃地尝试把沙弗林引入实际流通中来。根据当时的决定,只要准备金超过 500 万英镑,政府就向

---

1 参看林德赛在印度通货委员会(1898 年)所给的政策,Q.3404。

2 本处所引穆勒的话中文译文参考了商务印书馆 1991 年出版的穆勒所著《政治经济学原理·下卷》第 186 页的译文。——译者注

公众放开黄金，这一支付时间始于 1900 年 1 月 12 日，地点在加尔各答、马德拉斯和孟买的货币机构。按照发布的指令，所有纸币提交人都可以取得法定黄金的供给，如其愿意，也可以支付卢比。后来，经过总监理官授权，较大的管区财政部门也提供沙弗林。到了 3 月，管区市镇的邮政局开始用黄金支付现金汇票，管区银行在向政府账户汇入款项时，也被要求支付沙弗林。在 1900—1901 财政年度，这些制度安排仍然继续得到了推行，到了 1901 年 3 月 31 日，交到公众手中的数量已经达到总数颇为可观的 675 万英镑。但这笔总额中有一部分被用作出口，不过不久之后其中的一半又回到了政府手中；人们猜测，剩余部分中很大一部分都到了黄金交易商人的手中。[1] 因此，政府放弃了进一步促使黄金进入流通领域的企图，在印度通货储备中积累起来的大部分黄金不久后即用船运回了英国，在英格兰银行以"专用款"的形式保存。

自那时起，印度通货体制有关黄金的各条款（我已经在本书第一章给出）如下：(1) 在印度，沙弗林是法定货币，15 卢比兑换 1 英镑；(2) 政府通过公告来约束自己按照这个兑换比率提供沙弗林兑换卢比；(3) 一般而言，政府愿意按照这个比率提供沙弗林兑换卢比，但政府没有法定义务这么做，也不会总是进行大量兑换。

§5. 1900 年到 1901 年的实验之所以失败，原因是多方面的，但我认为主要原因应该归于印度公众长期以来已经习惯使用白银，而且对印度这样贫穷的国家来说，沙弗林价值过高，使用起来也不大合适。

但不管怎么样，我们尚不能确定，现在把一枚 10 卢比的金币放入流通中会不会取得成功。这种做法的价值多少会打个折扣。但是，相对于白银，印度对黄金的偏好过去 10 年已经得到了相当的发展，这要比实验成功还有意义。关于黄金目前在印度的情况，我们有必要就可以获得证

---

[1] 上述陈述总结自纸币监理官 1900 年和 1901 年的报告。

据进行一番概览。

§6. 当然，我们知道印度黄金总存量的年净增量（即进口量和生产量之和减去出口量）大约是多少——尽管跨越边境的固定漏出量通常都被忽略不计。[1] 我们还知道这一净增量当中有多少是采用了沙弗林的形式，有多少是采用了金条的形式。因此，扣除纸币储备和政府财政部分沙弗林的增加或减少之后，我们就可以计算出那些主权国家每年有多少沙弗林通过他们自己的方式落入了公众手中。但至于公众如何使用手中的沙弗林，我们有关于此的信息则是极为含糊和不精确的。到目前为止，有关这个问题最细致和最有价值的讨论可以在 1910 年到 1911 年纸币监理官报告 [由 R.W.基兰先生（Mr. R. W. Gillan）执笔] 以及 1911 年到 1912 年的报告 [由 M.R.高恩特莱特先生（Mr. M. F. Gauntlett）执笔] 中找到；我在下文中对这些报告内容放手作了引用。首先，把与上文有关的统计信息摆在面前将会非常有用：

表 1

	(1) = (2) + (3) 黄金存量的净增量；进口量-出口量+生产量	(2) 纸币储备和财政部门的黄金净增量[2]	(3) = (4) + (5) 公众手中的黄金存量的净增量	(4) 公众手中金块的净增量	(5) 公众手中沙弗林的净增量
	英镑	英镑	英镑	英镑	英镑
1901—1902	3 223 000	-5 000	3 228 000	2 261 000	967 000
1902—1903	7 882 000	2 870 000	5 012 000	2 814 000	2 198 000
1903—1904	8 963 000	944 000	8 019 000	4 741 000	3 278 000

1　这可能是非常值得考虑的。印度肯定是整个中亚黄金供给的主要来源国。下面这段话录自货币监理官（1911—1912 年）的报告，很有启发性："据报告称，白沙瓦（Peshawar，今巴基斯坦北部城市。——译者注）在跨境贸易中吸收了相当数量的黄金，在 1911 年到 1912 年之间贸易总额达 300 万卢比。如此被带走的黄金很少或从没有回流过。阿米尔（Amir，'阿米尔'是某些伊斯兰地区对酋长或王公领袖的称呼。——译者注）的补贴也基本上是用黄金支付。"另据报道，那些去麦加朝圣的人也喜欢使用黄金。

2　自 1908 年以来，这一部分全部以沙弗林形式持有。

(续表)

	(1) = (2) + (3) 黄金存量的净增量：进口量－出口量＋生产量	(2) 纸币储备和财政部门的黄金净增量	(3) = (4) + (5) 公众手中的黄金存量的净增量	(4) 公众手中金块的净增量	(5) 公众手中沙弗林的净增量
1904—1905	8 841 000	38 000	8 803 000	5 866 000	2 937 000
1905—1906	2 698 000	－6 840 000	9 538 000	5 806 000	3 732 000
1906—1907	12 061 000	－193 000	12 254 000	7 098 000	5 156 000
1907—1908	13 677 000	－993 000	14 670 000	7 243 000	7 427 000
1908—1909	5 022 000	－2 843 000	7 865 000	4 422 000	3 443 000
1909—1910	16 620 000	6 347 000	10 273 000	7 407 000	2 866 000
1910—1911	18 153 000	71 000	18 082 000	9 991 000	8 091 000
1911—1912	27 345 000	9 347 000	17 998 000	9 117 000	8 881 000
1912—1913[1]	24 551 000	4 231 000	20 320 000	9 320 000	11 000 000

§7. 印度人民现在正在为无利息的黄金积累奉上大量财富，表 1 中第三列非常惊人地给出了这些数字。我们知道，这些黄金被贮藏起来用作珠宝、镀金，乃至 [按照萨缪尔·蒙塔古先生（Messrs Samuel Montagu）的说法] 作为药物使用。但这些数据与我们当下的目标无关，我们必须转过去关注最后一列的数字，这是流入公众手中的沙弗林的数字。这一总额中哪一部分被用于装饰，哪一部分被用于贮藏，哪一部分被熔化掉了，哪一部分又被真正留下来用作了通货呢？

首先，据估计，现在大约每年有 100 万英镑"隐蔽的"沙弗林进口过来。这笔沙弗林被用于装饰和价格优惠而流入。[2] 因此，可以很保险地这样假设，它们不会被用作通货。而且，每年肯定有一大笔沙弗林被熔化成金块。之所以这么说，有两个原因。"关于熔铸，"基兰先生写道，[3] "值得注意的是，对于某些目的而言，沙弗林一直都具有一种优势。黄金是按照 5 盎司和 10 盎司的金条出售的，如果一个珠宝商只想要很少量的

---

1 此年均为估计值。
2 从 1911 年到 1912 年，孟加拉银行的报价溢价 4 便士。
3 1911 年到 1912 年纸币报告。

黄金，1枚足重的沙弗林就正好满足他的要求。因为他清楚地知道沙弗林的确切重量、成色和价值，而且获得沙弗林毫无困难。在偏远地区，沙弗林大概会比同等重量的黄金更加便宜。"还有一个原因与汇价有关：[1]一年中的某些时间里，最便宜的获取黄金的途径就是从政府那里用卢比购买沙弗林。这一解释可以用下列事实证明：在夏季月份，对政府储备沙弗林有稳定的需求。这个时间段，通过这种方式取得黄金，汇率使之最为有利，而且此时几乎不存在对作为交易媒介的沙弗林的需求。因此，很多沙弗林被熔化了。但如果我们想知道到底有多少沙弗林被熔化掉了，那么我们只能做一种随意的猜测。

  作为新的进口之结果，一定还有很大一笔沙弗林以这种形式保有在公众手中。但我们无法假设这就减少了实际上用于交易媒介的沙弗林的总额。有大量证据表明，在该国部分地区，沙弗林正在取代卢比成为贮藏对象。这可能就是一开始黄金被用于通货时的情况。谷物出售可能是为了换成黄金，因为耕种者想要黄金用于贮藏。"可以想见，"基兰先生指出，"耕种者按照物物交换的本质接受黄金作为其谷物的支付款项；也就是说，他不仅把黄金看成铸币，而且还认为黄金有其他用途，黄金作为收成的报酬或许只是因为他认为自己只能这样来保有其报酬。"

  §8. 那么，很显然，我们一定不要看一眼（原书）第76页表格中的第一列，或者瞄一眼第五列，就可以轻率地做出有关印度通货体制中沙弗林现状的结论。从第一列总数中我们一定可以推出许多重要的结论。关于黄金作为通货之用，有什么直接的证据吗？

  "最好的指标"（再次援引基兰先生的话）"一定程度上乃是沙弗林自己确立的作为通货的常规部分，这部分可以在邮政局和铁路局的收入表的数字中找到。"其数字如下：

---

1 参看原书第97页到第99页。

表2　　　　　　　　　　　　　　　　　单位：英镑

	邮政局	铁路局
1906—1907[1]	553 000[2]	468 000[3]
1907—1908	1 358 000	1 045 000
1908—1909	1 001 000	710 000
1909—1910	265 000	134 000
1910—1911	638 000	597 000
1911—1912	1 363 000	1 222 000

据纸币部门估计，[4]由于早些年的吸收，故1907年流通中的纸币不少于200万。但有人认为，到了1908年年底，几乎这整个200万都不见了踪影。由于该年经济萧条且汇率较低，所以，沙弗林最盈利的使用方式就是当作金块用。根据邮政局和铁路局在1909年到1910年几乎被人忽略的黄金收入表（表2），我们可以看到这一令人吃惊的结果。直到1910年，对沙弗林的吸收不充分，无法把它恢复到作为通货的重要地位。因此，我们在这里主要考虑自1910年以来的沙弗林进口情况。正是从这一来源，沙弗林现在作为通货流通才是有可能实现的。

§9. 当我们继续讨论细节时，好像印度有几个使用沙弗林的重要地区仍然被我们忽视了——孟加拉、东孟加拉、阿萨姆、中央各省以及缅甸。在这些地区，关于这个问题尚未取得任何重要进展。在联合省（关于小麦的购买）和马德拉斯的某些区域，沙弗林的使用似乎已经达到一般公众可以自由获取、不断增长的程度，虽然增长的速度并不惊人。不过，在孟买和旁遮普省，尤其是后者，沙弗林的使用更加重要。大部分可以取得的详细证据都与旁遮普省有关；我们必须小心谨慎，不要把黄金的使用在这个省份的境况作为证据推及全印度。下面这段话摘自1912年6月4日旁遮普省商会通过的一项决议，很有意思。本商会"可

1　本年度无论邮政局还是铁路局均只有下半年的数字。
2　仅下半年。
3　同上。
4　参看1909年纸币报告。

以负责任地说,沙弗林正在变得流行起来,而且它们的流通量也在日益增加。在集市上它们被当作法币来使用,这要归功于人们的聪明才智和这样一个事实,即所有东方各地区(中国和海峡殖民地),也就是旁遮普印度兵服役和执勤的地方,沙弗林都很流行。这些人用黄金汇回他们挣来的收入,由于旁遮普省几乎没有一个村庄没有人被派去服役,所以人们充分了解沙弗林的价值也就并不令人感到奇怪了。很难说沙弗林被囤积到了什么程度,但富户们持有着可观数量的沙弗林则无可置疑;而且,这些沙弗林会在这些农村人手中一直囤积到来年。至于进口沙弗林所可能对汇率造成的影响,他们的意见是,政府不应依靠由地区之间交换生产物而吸收的沙弗林,并以储蓄的方式在任何时间以任何适当的数量来支持卢比的稳定。"1911年到1912年,货币监理官收集了一组有关黄金在旁遮普省日渐普及的报告。这些报告完全证实了上述总结。

§10. 在我们转过去讨论该问题的其他方面以前,特别对于近期(即1912年)大量黄金进口多说几句。大众的注意力被该年度的数字给吸引住了,这些数字也的确值得注意。[1]1911年到1912年的黄金进口和1912年到1913年的黄金进口(参看原书第76页上的表格)与前些年的数字相比,因其数额巨大而值得关注;但如果考虑到沙弗林在其中所占比例之高,则黄金的进口就更值得关注了。

不过,我相信,我们并不能从这些数字中公允地得出沙弗林在印度的地位没有什么惊人变化这样的结论。印度有两个非常之好的季节,因此能够把储蓄积累到非常之大的程度,用于黄金装饰和贮藏。这些全不足以用作对这份记录数据的部分解释吗? 出于以下原因,我不这样认为。

首先,如果我们排除纸币准备金的增加量,则1911年到1912年的

---

[1] 在1912年度,印度增加其黄金储备2 950万英镑,其中2 150万是沙弗林。

黄金进口量不如 1910 年到 1911 年的黄金进口量，1912 年到 1913 年的黄金进口量也没有超过太多。根据我们在第五章予以解释的理由，这方面的进口黄金量与印度对黄金的有效需求量无关，而且只是因为在某些情况下，相比于政府票据和其他手段，黄金恰好是向印度汇款的更加便宜的方式，所以才有了黄金进口。其次，1912 年的情况多少有些反常，因为澳大利亚和埃及出现了不同寻常的大量黄金供给。如果这就是从英格兰进口黄金的问题而已，那么，那些想用黄金铸造金块的人通常会发现，购买金条比购买金币更加便宜。但如果有来自澳大利亚并打算转往印度的沙弗林，或者如果亚历山大有多余的沙弗林可以用于出口，那么，购买这些沙弗林就会比从伦敦购买金条可能要低廉得多。由于取决于汇率，所以对此的解释我们到第五章再充分讨论。因此，我猜测，比 1912 年正常的沙弗林进口高出的比例被移去用在了非货币的用途上，这也是金条应有的用途。如果从伦敦进口的是沙弗林而非金条，那么，我们可以合理地得到这样的结论：进口商（因其必需付出更高价格）一定会偏爱沙弗林。但若是从埃及或澳大利亚进口沙弗林而非从伦敦进口金条，我们是没有办法得到这样的结论的。1912 年，在印度进口的 2 150 万沙弗林中，仅有约 500 万来自伦敦，剩下的均来自埃及和澳大利亚。[1]因此，在我们发现新增的沙弗林真正进入流通领域的迹象之前，从 1912 年黄金进口到印度的总数中，我们要扣除的比通常扣除的比例更高。[2]

---

[1]（原书）第 76 页表格中第（4）和（5）列给出的不同年份数字上的波动，其中一部分肯定可以由汇率的状况来解释，而不能全部由偏爱沙弗林来解释。

[2] 孟买的总设计师曾认为（参看《纸币报告 1911—1912》）：大量进口沙弗林的"主要原因"是马德拉斯和加尔各答往孟买进口黄金的电汇汇费下降了（从 $\frac{1}{16}$ 个百分点下降到 $\frac{1}{32}$ 个百分点）。无疑，作为从伦敦回望马德拉斯和加尔各答的汇款汇率，与政府汇兑率相比，比之从前，这一汇款汇率是让人们稍微偏好于接受黄金，但这个差值与决定汇款汇率的其他因素比起来似乎微不足道，这是因为，这一变化已经产生了可以预见的影响。

§11. 我们或许可以就这一证据做一公正的总结，我们认为，印度当前存在对进口的巨大需求，存在以贮藏为目的的对沙弗林的需求，而对二者需求相对较小的地区主要限于联合省、旁遮普省、马德拉斯和孟买，这些地区主要把二者当作通货使用。

那些认为使用金币的这一趋势应得到进一步鼓励的人，赞成以以下三种方法来促进其发展：为在孟买铸造沙弗林做出安排；铸造面额 10 卢比的具有印度特色的铸币；与 1900 年到 1901 年间一样，政府蓄意强制沙弗林进入流通，强制目前不熟悉沙弗林的地区去熟悉沙弗林，这种强制甚至到了这种地步——拒绝发行更多的有需求的卢比。

§12. 我按照它们可能产生的影响效率对这些意见进行了排序。对于第一条——在孟买铸造沙弗林——为什么对增加沙弗林的通货用途有影响，我找不出什么理由。对于金条出现在孟买并用于铸币的四种情况，我们可以加以辨别：

(a) 基于这一目的，可能要有意地从英格兰进口黄金；或者，金条进口商一时误算了需求，所以愿意把金条卖给政府，这种情况偶尔也会发生。

(b) 可以想象，印度金矿主会认为，暂停近年与英国黄金提炼厂的合同安排，把自己的黄金（约每年 200 万英镑）出售给孟买的铸造厂，可能更为合算。无论他们发现这样做是否值得，均取决于在印度提炼黄金的设备情况和孟买铸造厂给他们开出的条件。

(c) 人们的习惯可能也在变化，从英格兰进口新金条的活动将会停止，而且人们也愿意摆脱其使用金条和黄金饰品的既有习惯。

(d) 饥荒或萧条时节，当人们有意愿把自己最后的资产换成货币时，他们或许会把金条和黄金饰品卖给铸币厂。

如果孟买铸币厂没有对硬币铸造提出比不列颠铸币厂更优惠的条件——它大概不会提出这样的条件——那么，从英国进口金条在印度铸造而非在英国铸造，似乎是极不可能出现的。但假如这种情况真的出现了，它也带不来值得我们考虑的后果。在哪里铸币并没有什么差别。在所有我们前文提到的可能发生的事件中，黄金进入铸造厂，不是满足新黄金通货的需求，而只是因为金矿所有者愿意卖出黄金。售卖者或根据自己的便利而接受沙弗林、纸币或卢比（因为前者总可以交换后者）。在（c）和（d）情况下，政府可能被迫最终出口自己铸造的沙弗林，并承担出口成本以及铸造成本。

因此，在孟买铸币的主要结果（假设孟买的铸币条件实际上与英国的铸币条件相同）不过使印度的黄金售卖者节省了一小笔开支罢了。金条的进口商也偶尔会因为误算而节约一小笔利息损失；印度金矿的所有者在政府负担的情况下可能会支付非常高的红利；人们把他们贮藏的黄金兑换成货币，将能够节省把黄金送往英国的费用。首先是铸币费用，有时候还包括之后的出口费用，这些相应的成本都将落在政府肩上。无论是否满意，这些结果与通货问题几乎没有什么关系。其中的最后一个结果——使之轻易地把贮藏的黄金兑换成货币——可能非常令人满意。但所有这些结果都会以更加低廉的费用达成，而无须建立孟买铸币厂。如果政府要公布它们打算购买金条的条件，这会更好。如果政府公布其购买金条的意愿，准备在印度按照每盎司58卢比5安娜（annas）的价格购买印度供给的金条[1]（如果可行，即按照当前体制用白银或纸币或伦敦英镑汇票或沙弗林支付）[2]，事情可能会变得更加方便。政府的行为也会不时地牵扯到出口的成本；不过，我认为，这个成本是它必须承担的，就像如果有了一家铸币厂所经常出现的情况一样，而铸币厂本身的成本

---

[1] 这与英格兰银行的金块正常价格一致。

[2] 目前，纸币是由通货办公室发行，但只能根据监理官的要求，按照1卢比兑换7.533 44格令（grains）的金衡制兑换。自1907年4月1日以来，印度铸币厂收进除沙弗林和半沙弗林以外的金块和金币的行为，已经因印度政府的通知而停止。

是被节省下来了的。正如上文所建议的那样，这样的公告要比建立黄金铸币厂更具印度通货体制的精神实质；而且它还可以有效地为公众提供便利，减少政府开支。然而，建立铸币厂却可以凭着很小的支出去满足一种愚昧的虚荣。有时候，顺应民意带来的祸害比某种相当廉价的门面主义更小，当此之时，政府回应民众的吁求（虽然我怀疑事实上是不是真有这样的吁求），还会产生一种民主的愉悦感。

§13. 前述评论同样可以应用于第二个提议，即在印度铸造具有印度特色的金币。但10卢比面值的金币（13先令4便士）的存在，很可能会令黄金作为通货的用途流行开去，这基本上是因为它会是一种更小、因之更加方便的货币单位。[1]对于一种新铸币在当地流行到什么程度，我们很难揣测。另外一方面，一般而言——撇开一般目标不论（这些目标我们后面再来讨论），除非对普及黄金持反对意见——引入一种新的铸币并增加通货的混乱，不是什么好事。就出口来说，在萧条时期，10卢比金币不值三分之二个沙弗林。此外，沙弗林正在快速变为典型的国际金币，其使用范围已经超出了大英帝国的疆域。1911年，英国铸造了43 305 722枚不列颠沙弗林，大大超过了世界其他国家和地区该年度铸造的33 375 455英镑的金币总值。与沙弗林竞争的铸币除非别有优长，否则应该无法在印度获得一席之地。

§14. 第三项政策——政府采取积极措施把更多黄金注入流通——不太可能被采纳。如果该项政策得到采纳，我们很难说这项政策会不会取得成功。强迫人们使用铸币并非总是推广它的最佳途径；而如果卢比被拒，卢比或有小幅升水，或者黄金会有小幅贴水——这种情况无助于黄金的推广。

---

[1] 不过，我还没有看到过什么证据表明一半沙弗林是因为自己更低的面值而特别受到欢迎的。

§15. 不过，可能会出现这样的情况，如果普及黄金的使用值得期待，找到某种程度上实现这个目标的手段是可能的。事实上，主要问题在于政策是否正确。克鲁勋爵（Lord Crewe，参看他 1912 年 11 月 14 日在上议院的演讲）说："有信心期待黄金的使用在印度人民当中不断得到增加，尽管让这个国家习惯和喜爱金币之前，可能还有那么一段漫长且不确定的时光。"他应该既满意又怀有信心地期待这一结果吗？

对这个问题，我自己的答案是断然的否定。反对这项政策的主要观点有二：第一，这也是普遍的观点，即把金币作为实际流通媒介奢侈而浪费；第二，这种论点尤其适用于印度，即正如其拥护者所称的那样，使用金币会削弱而非加强通货体制整体的稳定性。

§16. 让我们首先考虑一下，普及黄金通货可能会带来多大的损失和花费。过去 12 年间，政府从卢比铸造的利润中积累了一笔 2100 万英镑的金额；纸币通货储备中用于投资的部分所带来的利息现在每年约为 30 万英镑。因此，由廉价通货的使用而释放出的利息推断，这笔年收入量已经达到大约 100 万英镑。由于纸币使用增加迅猛，这一收入在未来应会表现出稳定增长态势。如若在印度引入金币取得成功，则这两个利润来源都会遭到毁灭性破坏，如果在普及纸币使用方面有时间发挥全部效应的流通制度被切实取消之前即引入纸币的竞争对手，结果将会更差。

§17. 不过，我认为，黄金通货的拥护者们不会否认，使用黄金通货会给这个国家带来额外的支出。他们之所以支持这项政策，乃是因为它可以确保通货体制的稳定性，而为此目标产生一些费用是值得的。我认为，这大概说明，这一政策总体上可能确实会带来相反的影响。

有人建议，通货应由卢比、黄金和纸币构成，卢比仍然居于主导地位，但黄金的构成比例显然要高于当前的比例。更多的黄金注入势必会以纸币储备或黄金标准储备的损害为代价。如果黄金取代了纸币，那么，前者会减少，而如果它取代了卢比，那么，后者会减少。

这种看法暗中假设，危机时刻从流通中撤出的，大部分是流通中的黄金。

在我看来，这一假设并无根据，与一般经验相悖。危机之时，信用铸币乃是公众最渴望拥有的货币。银行家和其他人将会尽可能多地把其剩余通货以黄金形式持有，支付给政府财政的将（大部分）是卢比而非黄金。

因此，把更多黄金注入流通必然会削弱现有的储备，不会相应地减少政府应该谨慎保有的这类储备的量。当压缩通货量有其必要之时，政府就会处在比目前**更差的**局面，除非从流通中撤出的大部分是黄金而非卢比或纸币。这不是一个我们可以根据它来谨慎地采取行动的预期。

我曾引述过已故的戈申勋爵的权威说法，来支持黄金储备的集中化。在同一场合，戈申勋爵还有一段话与此有关，也值得在此引述（他建议英国发行面值 1 英镑的纸币）："从国家和货币的角度考虑，我更愿意英格兰银行手中握有我们可以掌控的 2 000 万英镑，而不愿意公众手中持有 3 000 万沙弗林。……如果（面值 1 英镑的纸币）开始发行，并被大家使用，我们手中就会握有 2 000 万英镑黄金——这是一笔和我们无法掌控的 3 000 万沙弗林相比难以计量的更强大的储备力量。"

§18. 事实上，对于一个每年的通货需求变化极大的国家，要维持货币的稳定，有两种途径：**要么**其货币几乎**全由**黄金构成，要么政府手中**集中着**充分的准备金。如果黄金只占货币流通量的四分之一或五分之一，我认为政府是无法在必须将流通量压缩到六分之一或七分之一时依靠**这点**黄金去做什么事情的；相反，如果这些黄金在政府的储备里，它们就**全部**可为政府所用。

出于显而易见的便利和节省考虑，任何情况下，印度流通量中的货币大部分必然是卢比。设想通过某种程度上增加黄金即可令一枚真正的金币取得优势,不过是白日做梦罢了。如果政府耗去了国家一部分英镑资源——这就相当于把更多黄金注入通货量——那么,很显然,在应对危机方面,这会比黄金集中在自己的金库更加不利。

§19. 因此,鼓励大家使用黄金会有代价,同时也会降低安全性。还有一种反对使用黄金的说法,它与上述观点相关,也非常重要。

如果只是打算用黄金取代卢比而非纸币,而且这种打算取而代之的程度如此之大,以致萧条时期沙弗林就会从通货中流出来,那么,我们也许就要对这种情况做出说明了。对于印度而言,那么大一部分货币采取的是贵金属铸币形式的确极为不利,——卢比减少了一半金属名义价值时,发行卢比增强了储备。因此,如果打算用黄金取代卢比,则其对政府储备的损害程度会比打算用它取代纸币所带来的损害程度更小。但这是最不可能出现的事情。对于相对来说比较大笔的支付来说,沙弗林会逐渐开始使用,这是因为,在这方面,沙弗林基本上和纸币不相上下。而对于小额的支付来说,印度的小额支付总计起来总量很大,沙弗林不可能像它在英国取代先令那样取代卢比。

1911 年到 1912 年通货监理官所收集的报告已经明显表明,黄金出现了取代纸币原有地位的趋势。在旁遮普省,黄金正在迅速普及,这很大程度上是因为,纸币从未在该省得到认可。[1] 使用白银支付大笔支出的不便之处显而易见;[2] 获取黄金的便利性自然使得黄金受到了欢迎。过去两三年间发生的事情也许已经对纸币在北部印度的使用造成了极大伤害,大大延缓了它在这些地区的使用。另一方面,在孟加拉和东孟加拉,

---

[1] 旁遮普省国民银行的经理在 1911 年到 1912 年的报告中称:"纸币在旁遮普省——拉合尔(Lahore)地区除外——一直不受欢迎的原因,是纸币只能按照比较大的折扣兑现,这就无疑导致了沙弗林的普及。现在迫切需要一种便于携带又与面值相等的货币媒介,沙弗林满足了当下的这种要求。"

[2] 6 000 英镑卢比的重量超过 1 吨。

黄金的使用进展很慢，之所以如此，可能与这些省份的人们更习惯于使用纸币有关，在某些情况下，纸币甚至还会被用于储备（参看原书第 165 页）。如果政府打算采用任何方式进一步推动黄金在孟加拉流通，他们可能会让自己的纸币发行受到危险的一击；反之，如果在黄麻贸易中鼓励用纸币取代卢比，纸币就会在流通中大量增加。另据报道，缅甸稻米贸易中使用黄金，主要是取代纸币。下面从该报告中所引的这段引文（1911 年到 1912 年通货监理官从旁遮普省各个区县收集的报告）说明了这一点，那就是，要黄金而不要白银，因为黄金比白银更方便携带，而纸币则不被信任，因为它没有普遍的可兑换保证。[1]

> 古杰兰瓦拉（Gujranwala）[2]——印度地主（Zamindar，又译为"柴明达尔"[3]）偏爱用黄金为自己的谷物标价，因为他能很容易地带走黄金，很容易兑换，而且如有必要，也很容易出手。他不喜欢无论多少面值的现钞，因为它们不容易兑换，收受白银则意味着运输成本高昂且有极大被抢劫的风险。运河承包商也很高兴收受黄金作为他们的收入。有人这样评论说，即便最远离闻名的小村庄，也可以兑换沙弗林，但哪怕是面额为 5 卢比的纸币，无论是在最落后的村子，还是很有钱的村子，人们都不信任它。沙弗林就没有这个麻烦，不会有人问令人尴尬的问题，也不会被打折扣。

1　为了消除这一想法，政府可能应该指导其官员们尽可能接受并自由兑换纸币。

2　古杰兰瓦拉是旁遮普省的一个城市，位于拉合尔西北 65 千米处，是谷物等农产品的销售市场，也是工商业中心，附近有联接杰纳布河和拉维河的灌溉运河，现属于巴基斯坦。——译者注

3　"柴明达尔"是印地语对土地拥有者的称谓，在莫卧儿帝国时代原为包收租税人，并不享有土地所有权，1793 年东印度公司在孟加拉、比尔拉、奥里萨等地实施"固定赋额法"，承认柴明达尔为土地所有者，废除农村公社对土地的世袭所有权，规定柴明达尔应缴纳相当于 1793 年税额十分之九的土地税，并固定不变，这就所谓的"柴明达尔制"。——译者注

章县（Jhang）[1]——人们更喜欢黄金，是因为它比白银货币更少麻烦。

古达斯普尔县（Gurdaspur）[2]——运输上的便利是谷物商人更喜欢沙弗林而非白银的原因。

安巴拉（Ambala）[3]——该地区无论城市还是乡村，沙弗林取代纸币的速度都比卢比快。

本努县（Bannu）[4]——黄金正在缓慢但稳步地取代现钞。

罗塔克（Rohtak）[5]——（由于黄金的增加）人们已经注意到，在1911年到1912年，现钞的使用正在相应减少。

卢迪亚纳（Ludhiana）——（由于黄金的增加）纸币的发行已经相应减少。

这些具体的陈述可以由一般的统计资料所证实。最近对旁遮普省和孟买面值10卢比的纸币的使用情况进行统计，并与孟加拉的情况相比较，所得的统计结果强有力地说明，这些省份中黄金使用的最新发展趋势已经对纸币的使用造成损害。"据报道，在旁遮普省，（1911—1912年）农产品交易的大笔支付从未使用纸币，甚至在商人的日常支付中黄金也在某种程度上取代了纸币。"根据这些事实，对于上个世纪中叶"理想"货币准则的持久权力而言，这个说法可谓是一番很了不起的赞扬之语，这就等于说，主管的官员本应对黄金外流持欢迎态度，把它作为拯救其货币体制的手段来看待。

在结束这一话题之前，我希望强调，与此有关的、为什么现在在印度推广纸币的使用如此重要的一个特殊的原因。鼓励推广纸币发行，避

1　旁遮普省的一个地区。——译者注
2　同上。
3　印度哈里亚纳邦西部城市。——译者注
4　现巴基斯坦开伯尔-普赫图赫瓦省南部的一个县。——译者注
5　印度哈里亚纳邦东南部城市。——译者注

免鼓励纸币的竞争性货币的普及,不仅因为当下的经济原因或因为储备的集中化可以增加通货的稳定性,还因为在一个支票的使用尚且不久、支票尚未成为主要形式的国家,我们或许可以把通货的季节性伸缩控制在一个合理的程度之内。我们已经在第三章提出过这个问题,在第六章和第七章我们还会再次回到这个问题上来。

§20. 现有体制的一个次要的间接后果值得一提。当与购买政府票据或汇票(参看第五章)相比,让黄金流入货币储备要比让纸币或卢比流入货币储备更为便宜时,黄金就会流入货币储备。当沙弗林为流通或贮藏所需时,或者当沙弗林成为黄金交易商获取黄金的最低廉的方式时,沙弗林就会流出货币储备。我们有理由思考后一种原因造成的大量流出,而这种流出正是我希望稍加详细检视的情况。货币办公室公布的数字显示了每月从金库流出的沙弗林的数量。这些数字表明,在冬季几个月的旺季里,有些货币退出了流通,此时对货币的需求以及对贮藏的需要(因为彼时取得丰收的谷物种植者要出售其谷物,并把自己的储蓄换成铸币)正值顶峰,夏季情况亦然,当最不可能因这一目的而需要额外的货币供给时,总体来看,就有大量稳定的货币流出现。我认为,只消简单的算术计算,即可为此解释提供证据。因为伦敦的金块价格(通常)是每盎司 3 英镑 17 先令 9 便士,而沙弗林的价格是 3 英镑 17 先令 10.5 便士,印度汇率的黄金输入点比沙弗林的输入点略低。因此,当汇率比较高的时候,印度的黄金购买者就会发现,从伦敦购入汇票,在黄金市场上出售黄金,然后用船运到印度,要比到金库按照 1 先令 4 便士的价格购买沙弗林更加划算;但当汇率较低时,情况则相反,你可以按照 1 先令 4 便士的价格从金库那里获取任意多的黄金,这样更加划算。我不确定这个分界线到底在哪里;[1] 但当电汇价格是 1 先令 4.125 便士

---

[1] 参看原书第 113—118 页,可以从中找到对运送金块到印度的成本之核算。

时,在伦敦购买金块更加有利可图,而当这个价格是1先令4.0625便士时,则在印度购买金块更可取。

这些考虑实际上会因下面这个事实而改变:许多印度的金块购买者对英国制造的小金条别有偏爱。因此,这些小金条比同等重量的沙弗林更值钱,印度全年都在进口这种形式的金条。但对于许多非通货用途而言,沙弗林和其他形式的金块一样好,或者差不多一样好,而当汇率相对较低时,对于怀有这类目的的印度黄金交易商而言,印度财政部就是最便宜的黄金供应来源。如此一来,在夏季月份,黄金交易商总会从财政部提取黄金,只要财政部愿意为他们供给黄金。因此,由于印度全年都在向公众供应黄金,所以在夏季月份政府会失去黄金交易商所需要的黄金数量。如此一来,每流出一枚沙弗林就会使政府损失1.5便士。这是因为,通过比汇率评价更优惠的价格出售票据,黄金本可以留在英国。当黄金全年可以获得时,黄金交易商经手的年流出量可能不少于200万英镑。如此一来,目前的这些习惯做法产生的重要间接效应,就是允许黄金交易商在夏季月份按照比其他价格稍微便宜的政府成本取得黄金。

§21. 正如我们都知道的那样,印度把自己太多部分的资源浪费在了不必要的贵金属积累上。政府不应该鼓励这种根深蒂固的囤积黄金的喜好。在公共舆论所能允许的最大限度内,通过减少该国储备和流通中的贵金属量,印度政府应该可以抵制这种不文明的浪费习惯。

想一想也很有意思:虽然印度对贵金属的狂热对它自己的经济发展具有破坏性,但在过去却使西方国家的利益得到了促进。大家都知道,杰文斯[1]把印度描述为贵金属的沉积之地,随时准备吸收西方过剩的黄金,拯救欧洲于价格的极度振荡之中。最近几年,虽然南非的金矿生产

---

[1] 即威廉姆·斯坦利·杰文斯(1835—1882),生于利物浦,英国著名的经济学家和逻辑学家。他的著作《政治经济学理论》(1871年)开启了经济学思想的新时代,是边际革命的三巨人之一。——译者注

已达到顶点，但印度依然完美地诠释了沉积之地的含义。实际上，物价一直在上涨，远超过健康的水平，而且在某种意义上还对大不列颠这样的债权国极为不利，因为这些债权国的大笔放款是每年按照黄金的固定汇率到期一次性支付利息的。有理由认为，若无印度需求襄助，它们仍然会更快上涨。从其短期的观点看，当印度的黄金需求在不相宜的时间里出现时，伦敦有时候也会感到很受伤；但若从长期的观点看，尤其是像现在这样黄金供给充裕的时期，印度的需求不啻是伦敦的真正朋友，是通胀的大敌。

另一方面，如果有一天印度人认识到这些习惯带不来好处，把它们都戒除了，然后把他们贮藏的黄金都投入生产性行业，用于给自己的田地施肥，那么，他们将使这个世界的货币市场任凭他们摆布。过量的黄金和短缺的黄金一样，都会危害经济。在过去60年里，人们认为，印度除了以前的积累之外，另外又吸收了超过3亿英镑的黄金（这还不算巨额的白银）。我们可以推测，如果印度停止吸纳新的黄金，并开始吐出自己部分巨额储备时，她应该逐渐地来做这件事。然而，如果这种变化正值新一轮巨量黄金生产之际，那么，她会使这个世界陷入黄金价格的大幅膨胀之中。

不过，如果印度由此而一举占据了西方的上风，西方必定不会落后太久。一旦欧洲完善了其建立在金本位基础上的交易机制，她就会发现，在更加理性和稳定的基础上规制价值本位，可能并不遥远。但我们不可能永久放弃自己最熟悉的经济机体的调节机制，而把自己交给幸运的矿藏勘探者、新的化学过程或亚洲的观念的变化，任由它们摆布。

第五章 政府票据和汇兑

§1. 通过政府票据这种方式进行汇兑，是印度货币体制的一个独特之处，而且就我所知，其他地区尚未见到类似的特征。之所以会出现这样的特点，部分是因为历史环境使然，也即印度政府是一家贸易公司的继任者；部分则是因为印度政府每年必须汇兑给英国大笔款项。

§2. 印度政府必须在**英国**进行的支付包括：债券的利息、养老金、给陆军部和政府存储金（不应税本金）的支付额，等等。这些支付每年总计大约 1 900 万英镑或 2 000 万英镑。但除了我们后文将再来讨论的特殊汇兑之外，必须汇兑的金额通常要比这个总额少；这是因为，政府在英国每年筹集的新资本额通常会超过其在英国的资本偿付和铁路物资等方面的支出。这样一来，每年必须汇回英国的金额在 1 500 万英镑到 1 800 万英镑之间。与这一金额相当的卢比，以及部分税赋所得等，都积攒在印度财政部。通过出售伦敦英镑票据，这笔钱可以汇往英国，也可以在加尔各答兑换成卢比。这样一来，如果印度事务大臣提交了票据，印度政府在加尔各答付出卢比，印度事务大臣在英格兰银行的账户上就多出了一笔相应的数额。

因此，政府是外汇的最大交易者之一，会为自身的业务从事外汇交易，例如，殖民地政府就有一笔由银行来完成的一定数额的类似交易（虽然规模较小）。但当政府为自己节约一笔本应支付给银行的佣金时，在任何实际意义上言之，政府都没有成为商业银行的竞争对手。首先，除非有特殊情况，政府也只是单方面出售外汇。其次，印度事务大臣出售外汇的方法，导致他只与汇兑银行和金融部门打交道，而不直接与公众交易。印度事务大臣实际上是印度票据的最终供给来源，银行在为可以取得的私人票据提供担保后，也会从他那里购买票据来满足其汇款回印度的需要，——只要他是按照某种价格卖给他们票据，而这种价格通过汇兑比运送沙弗林去印度要更加便宜。出售这些票据的方法如下。

§3. 每星期三早上，英格兰银行为票据出价招标，印度事务大臣之前在印度参事会 [India Council，因此这些票据的名字叫政府票据 (Council Bills)] 上即宣布了招标数额（如 700 万卢比）。他还有一个保留价格（不公布），低于这个价格，他是不会出售票据的，但这个保留价格很少被派上用场。[1] 投标者给出投标量以及每卢比的便士数。然后，700 万卢比的总额就会分给出价最高的投标者，按照已经接受的最低价格以及与这一价格相应的比例分配给投标者。

如果需求很大，而且最低分配价格较高（比如 1 先令 $4\frac{3}{32}$ 便士），则下一周放出的招标量（与之前分配的结果而同时宣布）就可能会增加。在连续两个星期三的中间这段间隔期，印度事务大臣通常愿意按照比上一个星期三还要高出 $\frac{1}{32}$ 便士的价格出售所谓的"特殊票据"(specials)。

§4. 还要多说一句，投标人一拿到所分配的票据，即必须在伦敦用现金偿付这些票据；但由于邮递需要花费时间，所以他们约需两个星期的时间无法在加尔各答把英镑兑换成卢比。因此，这两个星期的利息是损失了的，这就值得多付出一笔钱采用所谓"电汇"，这种方式可以在

---

[1] 不过，在 1913 年 3 月中旬，当时总投放量尚未确定，低于 1 先令 4 便士的报价被驳回，后来接受了低于 1 先令 4 便士的报价，这次保留价格是派上了用场的。

沙弗林进入印度事务大臣在英格兰银行的账户时，就使投标人在加尔各答拿到卢比。

因此，印度事务大臣通常愿意用比卢比票据价格稍微高出 $\frac{1}{32}$ 便士的价格出售电汇票据。[1]如果购买者选择电汇，那么，他就可以提前两个星期在印度拿到卢比，为这两个星期的权利支付5%的额外费用。购买者支付这笔费用到底是否值得，这个问题主要取决于印度银行利率，因为该利率支配着即时在印度拿到钱所能得到的利息额。当然，某间银行可能会在印度有特殊的紧急资金需要，抑或两周的贷款利率与银行利率不太一致，这种情况也有可能发生。不过，一般来说，如果购买者能够在印度按照不高于3%的价格把钱贷出，则他必定倾向于拿票据；而如果他能够在印度按照7%的价格把钱贷出，则对他而言购买电汇更划算。

经验事实与这些期望是一致的。当印度银行利率较高，且两种价格之间存在 $\frac{1}{32}$ 便士的差值时，几乎所有人都会要求电汇。对于银行家来说，电汇比较方便，而且如果他有卢比闲置在印度，那么，电汇对印度事务大臣也是有利的。

§5. 购买者可以选择在加尔各答、孟买或马德拉斯兑付票据和电汇。其中马德拉斯的提取量相对较小，加尔各答排名第一，提供总额中的大约45%。

§6. 到1900年，政府票据每年的销售量主要由支付国内的费用

---

[1] 该规则是这样的：当印度银行利率低于9%时，电汇的额外费用是每卢比 $\frac{1}{32}$ 便士；当印度银行利率是9%及以上时，电汇的额外费用是每卢比 $\frac{1}{16}$ 便士。1906年12月到1907年3月间，曾实施过 $\frac{1}{16}$ 便士的差价。1904年以及之前的年份，当印度银行利率超过6%时，实施的是 $\frac{1}{16}$ 便士的差价。

所需的数量支配，而这个数量一部分是由该年度借入资本的数量决定的。但这一销售量也会出现波动，要视印度事务大臣按合意的价格出售票据的机会（取决于商业活动和贸易平衡）而定，虽然在多数年份里，其波动范围相对较窄。不过，自1900年以来，政府票据体制的功能一直在扩大，它现在已经变成维持金汇兑本位的常规机制的非常重要的一部分。

§7. 上述机制产生的方式，很容易做出解释。因为按照条款，以每卢比1先令4便士的价格在印度用卢比兑换沙弗林，总是可以做到。对于银行来说，以超过1先令4便士的价格，也就是以多于把黄金运往印度的成本之价格购买政府票据，从来都是不划算的。这个成本时常变化很大，但很少超过 $\frac{1}{8}$ 便士。因此，当银行要求汇兑到印度时，如果印度事务大臣拒绝按照低于1先令 $\frac{1}{8}$ 便士的价格出售票据，黄金就会流动。这些黄金会出现在印度财政部，以兑换卢比或纸币。这样，印度事务大臣拒绝按照适于银行的价格出售汇兑的唯一效应就是英镑会累积到印度财政部而非英国财政部。这或许对他并无好处。例如，如果银行大规模把黄金送往印度，并用它来换取卢比，那么，只能靠铸造更多卢比才能满足需求的时代可能就到来了；要铸造卢比而需用的白银，必须从伦敦购买，铸币所得之利润必然记入金本位储备的贷方，其原因我们下一章再讨论。这笔金本位储备大部分存在伦敦；如此一来，黄金最终要用船运回英国去购买白银，并最终记入金本位储备的贷方。在这种情况下，损失是双倍的——把黄金运往印度的费用（因为若印度事务大臣出售电汇，鉴于如果黄金流动他只能得到1先令4便士，那么，他若出售电汇，每卢比能获得1先令4 $\frac{1}{8}$ 便士）和把它再运回来的费用，即 $\frac{3}{32}$ 便士；因此，拒绝出售票据将意味着每卢比最终损失近 $\frac{1}{4}$ 便士或损失约1.5%。再者说，在伦敦的通货储备中持有一部分黄金以备不时之需的政策，可能会导致印度事务大臣偏好在伦敦而非印度累积黄金。若是实施这一政策，黄金还会再次被送回原地，情况又与先前一样了，会造成双倍损失。最后，如果印度事务大臣在印度所拥有的现金余额颇为可观，这就值得他在一段时间内兑现其中多余的政府票据，那么，实际上又将自己的结存汇兑回了伦敦。使他倾向于这么做的原因如下：第一，增加自己保有的英镑现金余额的比例，使他在紧急情况下还拥有较大的头寸；第二，现在按照一个较好的价格出售政府票据，可以使他在以后无法按照这样好的价格出售票据时能够偿付国内费用（在这种情况下，把现金余额从印度汇往伦敦只是暂时的）；第三，可以使他在最合适的时候有较多头寸完成即将发生的贷款交易；第四，可以用存在伦敦的现金余额挣得少许利息。

108　　方方面面都做了考虑之后，当他深入思考是以牺牲在伦敦的余额为代价来增加其在印度的余额，还是充实印度现金储备中的黄金部分时，唯一值得印度事务大臣做的就是，在黄金出口价格范围内拒售票据。

因此，他会尽力使一年内预算的出售量确定下来（即参考当年可能发生的资本交易和现金余额状况而调整的国内费用）；但他若拒售票据，则如果汇兑需求大到汇兑率上升到黄金输送点，那么，他就会售出多于这一数额的票据。用年度预算的话就是："委员会提款的估计量，是必须满足印度事务大臣需求的数量，但如果需要满足贸易需求的话，则要出售更多票据。"

§8. 让我们总结一下到目前为止的讨论，同时对第一章结束时讨论的观点进行强调。正如某些批评所认为的那样，印度的通货流通量并不取决于印度事务部愿意销售的政府票据的数量。就政府票据的出售而言，其目的只是为了满足政府资金从印度汇往伦敦，人们可以在印度从政府结存总额中兑现这些票据。但当他们出售政府票据体量很大时，为了避免必须给出沙弗林，从这里是不会供应充足的卢比的。有一个权宜之策，那就是从纸币准备金或金本位储备的二级白银准备金里拿出一部分卢比，往伦敦英格兰银行"专用账户"二级储备账户支付一笔相等的数量，[1]或者用英镑支付。另一方面来看，如果印度参事会拒绝自由地出售票据，那么，黄金就会被输出到印度，送到纸币办公室，并用票据或白银来交换卢比。无论是这两种情况的哪一种，不被政府掌控的通货量都会有相同的增加。因此，有自己的途径进入印度流通领域的通货量，与印度事务大臣的行为完全无关。在汇率达到运送黄金也接近盈利的某一个点时，这才会出售不同于平常数量的政府票据；如果不出售政府票据，那取而代之的就是出售沙弗林（其代价是损失运送沙弗林的费用），印度政府将不得不拿出卢比而换取沙弗林。这一点非常重要，因为经常有人在有关通货及其与价格之关系的讨论中认为，进入流通的卢比某种程度上取决于政府销售的政府票据，因此，政府可以根据其一时之政策而扩张或收缩卢比流通量。大体而言，这不是一个正确的说法。即便政府打算通过降低价格（由于卢比的正常价值以英镑来计量，所以1便士的价格同样被拉低）出售更多票据来推进卢比在流通领域的流动，并打算在长期内继续这一政策，其永久性效应最多也就与此数量相称，而这个数量会拉低以英镑计量的卢比的平价。如果政府打算实施这一政策，这个数量是其行政力量所能达到的，这一点可以想见。事实上，政府还从未实施过这一政策。

不过，如果储备中卢比的存量比较低（为了确保纸币易于兑换卢

---

[1] 因此，以极大的体量出售政府票据所可能带来的效应是，黄金被拨入印度在英格兰银行的黄金专用账户。从英国一份重要报纸最近发表的一篇讨论货币的文章当中，我们略可窥见国人对印度货币体制误读程度之深。印度票据委员会之所以增加政府票据投放，乃是希望能够**延缓**对英格兰银行印度账户中专用黄金的需求。

比，储备中一种备有大量卢比），而且更多的政府票据要在伦敦出售，其量要大于加尔各答可以用上述方法便捷兑现的量，如此的话，铸币厂就必须发行更多卢比。铸币厂铸币所用的白银就是用出售额外的政府票据所得的收入而从伦敦买来的；而且由于卢比本身比其铸币所含的白银所值更多，所以，盈余就要记入金本位储备的贷方。因此，按照当前的实践，这些条件下的该过程也是自发的过程，而投入流通的新卢比的数量并不取决于印度事务大臣出售或保留政府票据的任意行为。如果他不出售票据，那么沙弗林就会被送往印度，这种情况下印度政府有义务用卢比来交换所需要的沙弗林，并把沙弗林送到铸币厂铸成新卢比；大部分沙弗林就得以某种形式记入金本位储备的贷方，或者再一次船运回英国来购买白银。

的确，如果接受的是不同的做法（1907年部分采用的一种做法），而且如果铸造卢比的利润不是记入金本位储备的贷方账户，而是让印度政府转而花在商品和服务上（无论是用作资本还是用于其他途径），暂时就需要更多卢比投入流通，这会多于其他情况下的卢比量。但是，即便是这种情况，只要把卢比兑换1先令4便士的比率维持下来的规定仍在实施，对流通量的影响效应就一定是暂时性的。这是因为，这些额外的卢比发行最终会推迟未来的额外铸币需求，或者会在某一时刻加速流通中的卢比流失。

因此，虽然一定程度上在政府权力范围之内（尽管目前不是按照其通常的做法），它会较之所需而更加快速地迫使一定数量的卢比进入流通，但他们不可能永远在不使黄金价值下贬的情况下提高流通量，也就是说，他们不可能永远在提高本来的流通量的同时，还可以把卢比价格维持在1先令4便士的水平上。可能还要多说一句的是，从任何其他储备中释放卢比，或者每年由政府海外募资以用于印度资本金数量中取得暂时性的增加，都和按照金本位储备释放卢比效果相同。不过，到目前为止，印度政府事实上还**没有**动用过这样的相机抉择之权，即使是临时动用这种权力也没有过。

§9. 我曾说过，把黄金送往印度的成本一般不会超过每卢比 $\frac{1}{8}$ 便士。因此，印度事务大臣有一个一直有效的通知（自 1904 年 1 月起），表示他将会按照 1 先令 $4\frac{1}{8}$ 便士出售票据。直到 1900 年 1 月，他一直是按照 1 先令 $4\frac{5}{32}$ 便士的价格无限量地出售电汇，而且自那个时候开始，人们一般都希望他这样做。[1] 然而，把黄金送完印度的成本取决于更复杂的原因，这些原因时常不同，而这个成本通常大大低于 $\frac{1}{8}$ 便士。因此，对于印度事务大臣而言，要想准确了解黄金价格应该是多少时才能令黄金成为票据汇兑的重要竞争者，诚非易事；无意当中，政府票据的价格到了比运送黄金还要便宜的水平上，这种情况也不罕见。对影响黄金输入点的各种原因略做思考，将会是一件很有意思的事情。[2]

§10. 把黄金从一个国家汇兑到另外一个国家的费用由保险费、运费和利息损失几部分构成。即使是第一项，有时候也可能有所变化。例如，最近从伦敦运往亚历山大的沙弗林被劫夺，自此之后，只要运输路线经过被劫地域（不来梅和的里亚斯特）的黄金，其运费报价就会翻倍，从 1 先令 3 便士上升到 2 先令 6 便士。此外，据说，也是最近，如果

---

[1] 在两种情况下，这种做法已经被中止——在 1900 年 1 月，当时价格升至 1 先令 $4\frac{3}{8}$ 便士；1906 年 12 月到 1907 年 3 月，当时价格升至 1 先令 $4\frac{3}{8}$ 便士。第二种情况下中止的原因是，电汇汇费超出了取决于印度银行利率（参看原书第 105 页）的票据价格，这一运作规则发挥了作用。议会副议长就此问题回答提问时（1912 年 4 月 30 日）所给出的陈述不是很正确。

[2] 有关外汇的陈旧过时的论著经常留给学生这样的印象：黄金输入点是一个已知的、稳定的点。这与真相相差到底有多远，印度的例子可以很好地说明之。

邮船已经载有 150 万英镑黄金和白银，倘若还要再往上装黄金，那么，假如保险受理人意欲为单艘船上的大笔黄金保险，则保险商会提出高于通常保费的保险费，否则就不予受理。但如果是**从英格兰**用船运沙弗林，其保险成本就会有所差别，运费也相对较低。黄金输送点上费用差异的主要原因，要么是有可能**从其他地方**弄到沙弗林，要么就是利率有差别。

这些其他地方的沙弗林要么是运自澳大利亚的，要么是埃及出口的。由于印度位于澳大利亚和英格兰之间，所以从澳大利亚运到印度，自然要比从澳大利亚运到英格兰要便宜（主要是因为利润损失更少）。且让我们假设，澳大利亚的交易状况是这样的：从澳大利亚往英格兰汇兑沙弗林不管怎么样都得付费，为了简单起见（而且事实上也不会造成实质性的问题），我们还假设从澳大利亚运送黄金到伦敦的运费和保费与澳大利亚运送黄金到印度的是一样的。那么，当澳大利亚沙弗林在印度下船，汇兑沙弗林的银行可以在伦敦收到与运送到印度的沙弗林相抵的现金，银行至少可以提前两个星期收到它的钱，因此，银行可能愿意在伦敦接收 1 先令 $3\frac{31}{32}$ 便士，而不是送往印度的 1 先令 4 便士（$\frac{1}{32}$ 便士是按照每年 5% 而收取的 1 先令 4 便士在两个星期内的利息额）。用这种方式购买黄金，并立即送往印度，与电汇效果一样，也即每卢比政府票据多值 $\frac{1}{32}$ 便士。因此，如果政府票据的价格超过 1 先令 $3\frac{15}{16}$ 便士，则黄金作为一种向印度汇兑的方式就会从澳大利亚装船运往印度，并与票据相竞争。当然，通常而言，一间澳大利亚银行能够因其向印度运送黄金而拿到多于 1 先令 $3\frac{15}{16}$ 便士的钱。我只是想说，印度事务大臣不能把希望寄托在澳大利亚大量出口黄金时压低澳大利亚的黄金价格，除非他打算把自己的政府票据价格压低到这样的水平。在这些情况下，如果他打算在英国而不是在印度要黄金,那么,他最划得来的做法就是自己买入黄金运到英国去,然后再按照一个适当的价格出售电汇。[1] 在 1905 年到 1906 年、1906 年到 1907 年,就曾大规模地这样做过。

埃及的多余黄金不会像来自澳大利亚的黄金那样,严重压低政府票据的价格;这是因为,埃及位于澳大利亚和英国之间。为了准确说明这种情况,我们且假设[2]从埃及运送黄金到伦敦的成本与把它从埃及运送到印度的成本差相无几,一家无论在什么情况下都要装船运送沙弗林的埃及银行会在伦敦接受 1 先令 4 便士[3]以上的任何价格。这是极端的情况。如果政府票据的价格高于 1 先令 4 便士,比如到了 1 先令 $4\frac{1}{16}$ 便士,用船运送黄金从埃及到伦敦去无利可图时,亚历山大的汇率就可能处于用船运送黄金从埃及到印度去有利可图的水平。如果我们仍然使用上面为了用来说明而做的假设(肯定不是很精确),当政府票据处在大约 1 先令 $4\frac{1}{16}$ 便士这个价格水平上,而且伦敦外汇市场的亚历山大汇率低于平价,则埃及的黄金就会与起到印度汇款工具作用的政府票据产生竞争。当然,由此而供给的汇兑,一般来说总是有限的;在上述条件的影响下,当有些埃及的黄金被运送到印度时,这就会对亚历山大的汇率起到坚挺的效果,因此,通过改变这些条件,可能会使黄金的持续流动减少。埃及的黄金之所以具有重要的实际意义,乃是因为埃及的旺季要比印度的旺季来得早,因此,在冬季的几个月里,在埃及用来买卖谷物的黄金,就有可能被送到印度换成卢比,然后到印度用在同样的目的上。所以,每年秋天从伦敦流往埃及的黄金,几乎没有多少会重新流回伦敦

---

1 这是值得他这样做的,因为在一次交易中把黄金从澳大利亚运往伦敦的费用要比把它先从澳大利亚运往印度、然后再从印度运往伦敦的两次交易的费用少。

2 我做这个假设只是为了方便说明而已,并不是完全准确的。

3 如果在船运期间支付,或者提前支付,还可以少付一点钱。

的;这也是埃及的农人无法留住黄金,而只能任其流向印度的原因。如我们前文所见,黄金流动的确切时刻及其流动规模,乃取决于伦敦出售政府票据的价格,以及埃及的棉花收获得早还是晚。但如果旺季将要结束,埃及的银行就会发现他们手中握着的黄金要超过他们需要的量,若想阻止这些黄金流向印度,政府票据必定会以相对较低的价格出售。如此一来,埃及的银行和印度的银行之间的建议必定会出现非常微妙的套利机制。

如果印度事务大臣愿意,他可以通过出售政府票据而对黄金从伦敦流向孟买予以规制,这或许在他的权力范围之内。但当澳大利亚或埃及有了可用的黄金,事情就不是那么容易控制了。

对于决定汇兑成本的其他因素——市场利率的变化——我们已经进行了讨论。$\frac{1}{32}$ 便士代表着每年 5% 的价格制定的两个星期 1 先令 4 便士的利息。我们很容易就可以算出,黄金输出点是如何在上下 5% 的幅度内受印度贴现率市场波动的影响的。

§11. 截至目前,我们已经讨论了汇率的上限,以及其对政府票据的强烈需求所带来的后果。在这个重要方面,汇率下限的影响则大为不同,因为政府并没有防止卢比贬值的法律义务,而且也不会像他们承担的用卢比换沙弗林的义务那样去用沙弗林换卢比。因此,印度在法律上是无法阻止汇率无限下跌的。自 1895 年以来,汇率实际上已经下跌到 1 先令 1 便士以下,但法律在这方面也没有任何改变。不过,政府实际上已经许诺尽其全力防止卢比的黄金价值下贬,防止汇率下跌到 1 先令 $3\frac{29}{32}$ 便士的下限以下。如果政府打算允许汇率跌到这个价格以下,那么,除非所有可用的资源都已被耗尽,否则企业界是不会正确地把它看成失信之举的。

§12. 我们现在明白了政府票据管理与政府汇兑及金汇兑本位制的

密切关系。从管理金汇兑本位制的角度来看，印度由于没有政府银行而带来的不利情况，部分地由印度事务大臣乃是最大的外汇市场交易者而得以抵消。通过对他供应出来招标的票据数量进行规制，印度事务大臣能够在很大程度上管理汇率的水平。当汇率跌到平价以下，他可以通过极大地限制供应招标量而支撑汇率；如果他无法为政府票据取得最低 1 先令 $3\frac{29}{32}$ 便士的价格，他可以在市场上撤走票据。当然，在这一期间，他要在英国进行货币支付，另一方面，由于收入的流入且没有人提供政府票据来兑现，所以卢比会在印度累积起来。如果伦敦的现金余额不足以抗得住现金的流出，那么，英格兰银行的黄金就可能成为"非专用款项"（unearmarked），而被放入印度事务大臣的当前账户里，同时，印度的卢比也从政府余额转到纸币通货储备的白银部分里——这一反转过程，与前文所述政府票据的大规模出售之结果类似。

如果印度事务大臣从市场上撤出票据的行为与印度市场上产生的政府票据的稀缺，还是不足以把汇率支撑在 1 先令 $3\frac{29}{32}$ 便士这个价格上，那就得有更加果断的措施。在这种最后关头所采取的办法，是由加尔各答的印度政府按照 1 先令 $3\frac{29}{32}$ 便士的价格抛出伦敦发行的英镑汇票，这些汇票可以在伦敦按照金本位制兑换成黄金。

在 1908 年的严重危机当中，这些措施充分发挥了其作用。但对于未来而言，这些措施是否同样充分，我们将在第六章进行讨论，该章要对印度事务大臣的储备金进行探讨。

§13. 如果我们从汇兑机制转过来讨论整个政府的汇兑问题，通过参考假想的印度事务部资金平衡表，我们可以得到最为清晰的解释。下面就是以这种方式而给出的该年全部往来账户情况：

表 1 支出

国内费用	x
"专用"黄金或伦敦通货储备中用于购买证券的支出	y
白银成本＋记入伦敦金本位储备中的铸币利润	z
用于印度而囤积于伦敦的资本支出	v
从印度汇往伦敦的现金余额	±w
	x＋y＋z＋v±w

表 2 收入

从印度现金余额中兑现的政府票据	x－u＋v±w
从印度卢比储备中兑现的政府票据	y
从新铸币中兑现的政府票据	z
政府票据总额	x＋y＋z－u＋v±w
在伦敦的净资本借贷额	u
在伦敦的总收入	x＋y＋z＋v±w

§14. 我来用一些统计数字给本章做出结论。

表 3   单位：英镑

	1909—1910年	1910—1911年	1911—1912年	1912—1913年（经过修正后的估计值）
国内费用净额[1]	18 763 000	18 003 000	18 333 000	18 986 000
英国在铁路物资和灌溉系统上的资本支出	5 748 000	5 188 000	5 083 000	7 077 000
英国金本位储备	8 090 000	600 000	…	1 200 000
记入英国纸币通货储备的额度[2]	1 000 000	2 545 000	1 988 000	400 000
白银购买额	…	…	…	7 059 000
英国现金余额增加额[3]	4 815 000	3 898 000	1 693 000	…
小计	38 416 000	30 234 000	27 097 000	34 722 000
政府票据和汇票	27 096 000[4]	26 783 000	27 058 000	25 760 000
印度汇兑的黄金额	…	…	…	1 928 000
在英国产生的净负债[5]	11 320 000	3 451 000	39 000	－2 983 000
英国现金余额的减少额	…	…	…	10 017 000
小计	38 416 000	30 234 000	27 097 000	34 722 000

---

1 扣除某些小额来源的英国税收收入后略加调整。
2 股息和再投资利息除外。
3 黄金本位储备余额除外。
4 扣除了印度在伦敦出售的票据。
5 因投资于年金保险而减少的债券以及包含在国内费用中的偿债基金除外。

上述表格分析了国民账户的情况，这个表中的资料比政府自己发布的情况更加清晰。我们可以用实际数字与§13中给出的假设的平衡表进行比较。

该国民账户的主要条目分析如下。因为这些数据每年之间差别不大，所以我们认为通过它完全可以给出最近一年——即1911—1912年——的数字。我们将看到，在该年，大约500万英镑被用于养老金支出和补贴提留，1 100万英镑被用于债券利息支付，225万英镑被用于军方费用（不包含养老金）。其他部分的支出都是小额的支出。

表4　1911—1912年国内费用分析　　　　　　　单位：英镑

退休金和养老金（平民）	2 063 100
退休金和养老金（军人）	2 471 400
休假补贴	426 500
普通债券利息	2 284 700
铁路债券和公司存款利息	5 268 600
铁路保险年金和偿债基金	3 623 600
军方费用（不包括养老金）	2 277 400
其他	1 130 200
小计	19 545 500
利息收入	448 000
其他收入	141 600
小计	589 600
总计	18 955 900

全部政府票据的撤出以及投放的平均价格、最高价格和最低价格，还有近年来在最高价和最低价之间的波动情况如下：

表5

	政府票据的撤出额（单位：英镑）	平均价格（单位：便士）	最高价格（单位：便士）	最低价格（单位：便士）	波幅（单位：便士）
1901—1902	18 500 000	15.987	16.125	15.875	0.250
1902—1903	18 500 000	16.002	16.156	15.875	0.281
1903—1904	23 900 000	16.049	16.156	15.875	0.281
1904—1905	24 400 000	16.045	16.156	15.970	0.186

(续表)

年份	政府票据的撤出额（单位：英镑）	平均价格（单位：便士）	最高价格（单位：便士）	最低价格（单位：便士）	波幅（单位：便士）
1905—1906	31 600 000	16.042	16.156	15.937	0.219
1906—1907	33 400 000	16.084	16.187 5	15.937	0.250
1907—1908	15 300 000	16.029	16.187 5	15.875	0.312
1908—1909	13 900 000	15.964	16	15.875	0.125
1909—1910	27 400 000	16.041	16.156	15.875	0.281
1910—1911	26 500 000	16.061	16.156	15.875	0.281
1911—1912	27 100 000	16.082	16.156	15.937	0.219
1912—1913	25 700 000	16.058	16.156	15.970	0.186

第六章　印度事务大臣的储备金和现金余额

§1. 印度当局担负着双重责任。他们必须准备供给卢比以偿付政府票据或兑换沙弗林。另一方面，还必须得准备好英镑或英镑支票以兑换卢比。维持印度的通货体系，取决于他们履行这两重责任达到他们想要的地步之能力。

要达到的目标很简单，但由于历史的原因，政府采用的办法却极端复杂。首先，我将来探讨一下现行办法的性质；其次，能不能用它达成其目的；第二，一些使这些办法更加有序而明智的建议；最后，现金余额的管理。

§2. 显然是为了支持汇率，才从卢比铸币的利润中[1]建立起来一笔储备。这就是金本位储备。由于这笔储备在实践当中不仅包含英镑储备，还包含部分卢比储备，所以这个名称有点文不对题。[2]

铸币厂关闭之后几年内，都没有新的铸币面世。到 1900 年，增加对卢比的铸造开始变得必要起来，从 1900 年到 1907 年，铸币利润增加，迅速提高了金本位储备，达到了非常可观的总额。1907 年到 1908 年的危机

---

1 参看（原书）第 37 页脚注。
2 1906 年，由于政府决定要在这笔储备中包含白银，所以该储备的名称换了两次，一开始叫"黄金储备"，后来改为"金本位储备"；但是更名之举并未使其对储备的情况表述得更加清楚。

使得大规模从流通领域撤出卢比有了必要，因此一直到 1912 年秋，都没有再出现大规模的新铸币需求。到 1912 年 10 月，铸币积累的总利润总计约 1 860 万英镑。不过，这其中约 110 万英镑于 1907 年被用于铁路的资本支出——为金本位储备留下了 1 750 万英镑。除此之外，用于投资的那部分储备所得的利息收入共约 325 万英镑，与最初的成本相比，这部分利润抵消了 1912 年 10 月投资价值贬值的 100 万英镑。这样一来，到了这个时期，把贬值因素考虑在内，这一储备的总额约为 1 975 万英镑。1912—1913 年度的冬季，大量铸币需求使得铸币利润进一步增加，因之我们可以合理地认为金本位储备在 1912 年底大概是 2 100 万英镑。

在这笔总额当中，英镑证券占很大的比例——大约 1 600 万英镑（市场价格）。最近一段时间，政策的走向也遵循着这样的观点：储备中至少应有一半采用证券这种最具流动性形式的资产。1912 年 3 月 31 日，储备中有 450 万英镑是英国财政部发行的国库券，有 473.56 万英镑是财政部发行的政府公债。剩下的部分里，有大约 700 万英镑（面值）的基金，以及由英国政府担保的其他股票，此外还有大约 150 万英镑（面值）殖民地政府发行的各种政府证券。

除去用于投资的 1 600 万英镑以外，在 1912 年年底，大约还有 100 万英镑在伦敦货币市场上用短期通知贷款的形式借出；大约 375 万英镑以印度卢比形式持有；英格兰银行"专用"黄金大约为 25 万英镑。英格兰储备的实际黄金中的一部分是 1912 年 11 月引入创新的结果。

据称，黄金本位储备是经政府允许由铸币利润和利息收入逐渐累积而成，直至达到了 2 500 万英镑为止，其中 500 万英镑将以黄金形式持有。[1] 当达到这个数字之时，其中一部分储备收入就可能可以用于铁路资本支出了。彼时的确也转走了一半的铸币利润，不过这也许是 1907 年到

---

[1] 1913 年 3 月底，金本位储备金的贷方余额里有 162 万英镑黄金。

1908年那个政策被废止后的回光返照。

金本位储备持有形式遭致了许多批评。但是，如果我们对储备有了完整的认识，则这些批评意见就没有什么意义可言。

§3. 第二项储备是为发行纸币而建立的纸币通货储备。第三章已经对这项储备的构成做出了解释。用于投资的部分可能不会超出规定的最大额，其中一部分仅以英镑证券形式持有，其余部分以卢比证券形式持有。全部余额必定是以金块或银块、卢比或沙弗林形式持有。但黄金要么存于伦敦，要么存于印度。1912年12月底的通货储备中的实际形式大体如下：

表1

英镑证券	2 500 000英镑
卢比证券	6 500 000英镑
存于伦敦的黄金	7 250 000英镑
存于印度的黄金	17 500 000英镑
存于印度的卢比	8 500 000英镑
存于印度或在运输途中的银块	1 500 000英镑
总计	43 750 000英镑

§4. 政府供给卢比或英镑现钞的其他储备来源是现金余额。这两者总额以及卢比和英镑各占多少比例，随时间不同而有较大不同。两者的总额在一年不同的季节里因税收量的不同而有所波动，按照那些负责财政事务的人的说法，最近因收缩了资本放贷，又加上就要发生的特别支出、巨额收入（比如来自鸦片的意外所得）、国家的普遍繁荣以及一定程度的审慎或乐观，都是造成储备变动的客观原因。其中卢比和英镑分别所占的比例，甚至更多地取决于对暂时的便利性的考虑，最近或即将开始的伦敦资本交易，用英镑资金购买白银的可能性，以及作为汇兑手段之政府票据的贸易需求，都是基于便利性考虑而使储备比例发生变化的原因。现金余额总额在不同时期的情况如下表所示：

表 2　现金余额[1]　　　　　　　　　　单位：英镑

日　期	印　度	伦　敦	总　额
1901 年 1 月 31 日	8 767 687	4 091 926	12 859 613
1903 年 1 月 31 日	12 081 388	5 767 786	17 849 174
1905 年 1 月 31 日	10 597 770	10 262 581	20 860 351
1907 年 1 月 31 日	10 026 932	5 606 812	15 633 744
1908 年 1 月 31 日	12 851 413	4 607 266	17 458 679
1909 年 1 月 31 日	10 235 483	7 983 898	18 219 381
1910 年 1 月 31 日	12 295 428	12 799 094	25 094 522
1911 年 1 月 31 日	13 566 922	16 696 990	30 263 912
1912 年 1 月 31 日	12 279 689	18 390 013	30 669 702
1913 年 1 月 31 日	19 543 900	8 372 900	27 916 800

128　　　值得再补充两句的是，印度的现金余额部分存放于全国的各地区金库，部分存放于储备金库，还有一部分存放于管区银行。地区金库中通常不包含超过日常交易所需的资金额，而超过当前需求的余额，主要则以纸币形式持有，并被转送到准备金库。这样一来，通货储备之外，政府并不拥有大笔的卢比盈余储存。伦敦的余额部分持有在英格兰银行手中，部分由特许名单上某间金融机构做短期放贷。[2]一般来说，英格兰银行手中只持有营运余额（大约 50 万英镑），许多年来，这笔资金一直（尽管不是正式地）被计入"其他"存款项下，而不计入"公共"存款项下。从上面的表格中，我们可以看到，伦敦的余额在 1908 年降到了较低的水平，在这一年的几个关键月份里，印度事务大臣随意使用这笔余额，用来帮助他支持汇率。1908 年 10 月 30 日，这笔余额已经下降到 1 196 691 英镑。另一方面，在 1911 年和 1912 年，现金余额达到了一个很高的数额，到了这两年的 6 月，这个数额均已超过 1 900 万英镑。截至 1912 年底，这些数额再次下降到一个相当正常的水平。1912 年上半年，反常的高额数字引发了人们对余额的大小以及用

129

1　金本位储备中的结余不包括在内。
2　也可参看原书第 190、191 页。

余额在伦敦货币市场放贷的方法很多的批评。在本章结论部分,我们还会就此进行阐述。

§5. 现在,我们打算切实看一看印度当局所拥有的英镑和卢比各自的来源,这是印度政府履行其货币义务的凭借。除地区金库所要求的部分和存放于管区银行的部分外,印度的现金余额主要是纸币,就当前我们的研究而言,这部分基本可以忽略。

卢比储备部分放在通货储备,部分放在金本位储备。1912年12月,该账户卢比储备量大体情况如下:

表3

通货储备[1]	10 000 000 英镑
金本位储备	3 750 000 英镑
总 计	13 750 000 英镑

英镑储备部分放在通货储备,部分放在金本位储备,还有部分放在伦敦现金余额里。存放的形式有黄金(在印度和伦敦的通货储备里,也有一小部分存放在金本位储备里)、短期通知借款(存放在金本位储备和现金余额里)和英镑证券(存放在通货储备和金本位储备里)。1912年12月,这部分储备量大体情况如下:

表4

黄金……	
印度的通货储备	17 500 000 英镑
伦敦的通货储备	7 250 000 英镑
伦敦的金本位储备	250 000 英镑
小计	25 000 000 英镑
短期通知借款……	
伦敦的金本位储备	1 000 000 英镑
伦敦的现金余额	7 500 000 英镑
小计	8 500 000 英镑

---

1 包括印度的银块或运输在途的银块。

（续表）

英镑证券——	
通货储备	2 500 000 英镑
金本位储备	16 000 000 英镑
小计	18 500 000 英镑
英镑总来源——	
黄金	25 000 000 英镑
短期通知借款	8 500 000 英镑
证券	18 500 000 英镑
小计	52 000 000 英镑

§6. 在我们考虑这些储备对于其目的而言是否足够之前，回忆一下最近两起事件的情况会有所裨益，这两起事件都令储备资源严重削弱。第一起事件是 1906 年政府面临供应充足卢比的强大压力，第二起是 1908 年政府面临供应充足英镑的强大压力。在接下来的叙述中，我们来讨论这两起事件。

1900 年，卢比铸造再次得以大规模开展。在接下去的五年当中，每年都对新铸币有着稳定的需求（1901—1902 年较低，1903—1904 年较高，但没有哪一年是反常的），虽然 1903—1904 年略有困难，但铸币厂还是能够满足这些需求的。在 1905—1906 年，货币需求突然加剧，从 1905 年 7 月开始，政府白银储备尚有相对宽松的 1.837 亿卢比（1 225 万英镑）[1]，但将这批白银用于铸币之后，仍然不敷所求。政府在增加购买白银方面动作迟缓，事实上，政府好像一直到 1905 年 12 月之前都没有采取什么增加购买白银的举措，而到了 1905 年 12 月，政府的白银储备已然枯竭。此时，他们才不得不从伦敦匆忙以极高的价格购入白银。与此同时，卢比储备也下降到了非常之低的水平，仅余 7 610 万卢比（也即只有六个月前的大约 40%），而对伦敦政府票据的需求也没有减弱的迹象，这一需求，要求在伦敦兑换成卢比现钞。为了给他们自己以喘息之

---

[1] 那些未铸成过银币的生银也包含在铸币范围之内。

机,也为了在伦敦购入白银运到印度并铸造货币留出余暇,政府不得不把电汇汇率提高到一个非常之高的水平,高达 1 先令 $4\frac{5}{32}$ 便士。这是那个时候所发生的最糟糕的事情。从那以后,新的铸币迅速面世满足了需求,到 1906 年 3 月底,此时可用的白银储备较之于 1 月份已经翻了一倍。

然而,这样轻微的恐慌就已经足以令政府丧失理智。一旦走上了疯狂铸币这条谋生之路,他们就再无顾忌,一直走了下去——尽管他们还没有立即产生罪恶感。他们没有停下来去看 1906 年到 1907 年的旺季因为大量投放货币带来了什么样的结果,仍然在整个夏季大量铸造新币,他们手中握有的白银比货币储备中正常持有的白银多,这批白银是以危害英镑财源为代价而存放于金本位储备账户中的。1906 年 6 月,白银储备达到了大约 3 亿 2 000 万卢比。事实上,1906—1907 年情况尚好,对卢比的需求规模很大。然而,印度可用的白银很难降到 2 亿卢比以下——而是接近前一年最关键时刻的最低量的三倍。但是,比 1906—1907 年最旺季的最忙时刻所要求的适量白银储备还要多的储备量,并不能制止得了铸币厂狂飙突进般的铸币活动。1907 年夏季与 1906 年夏季一样,不待澄清 1907—1908 年是否依然是旺季的情况下,他们继续大量铸币。1907 年 9 月,以各种形式囤积的白银储备已经达到了 3 亿 1 480 万卢比之巨。这次,他们得到了应有的结果。1907—1908 年歉收,1907 年底美国出现了危机。经济上不再有对新卢比的需求,是故,从流通领域大量撤出旧卢比也就势在必行;这次处于不足之险境的是英镑储备,而非卢比储备了。这带我们来到了下一章的历史。

§7. 印度政府 1905 年到 1907 年的铸币政策令人深省。在连续的年份当中,如果有一年出现了对通货的大量需求,并不一定表示下一年还会出现这样的需求状况。大量铸币,其效果是累积性的。印度当局似乎还没有理解这一点。表面上看,他们受到了一些粗浅之论的影响,这些论断认为,由于1905—1906年出现了对货币的大量需求,所以有理由相信,1906—1907年也会出现这样的对货币的大量需求;而1906—1907年确实出现了对货币的大量需求,这就更使人们坚信,1907—1908年也会对货币有大量需求。也就是说,他们在制定其政策时,把一个社会消费通货的趋向看成与有些社会消费啤酒一般,具有同样稳定的趋势。只要新通货是为了满足需求,不是为了满足囤积,是为了交易,这其中的谬误无须指出。此外,哪怕只是对印度通货历史只有粗浅的了解,也能根据历史经验给出支持的理由。即便卢比价值与其银块价值等同,以致被囤积并被熔化的数量比现在多很多的情况下,年年非正常的大量铸币之后,随后必然会出现反作用。印度已经吞入如此之多的铸币,我们几乎不费吹灰之力就可以看出,1905—1907年的需求就是这样的情况中的一个。

§8. 因此,1907年早些时候印度政府的白银政策使其在面对该年年底到来的危机时一定程度上陷入了比危机本来应该出现的困境还要糟糕。但是,其英镑储备还是很高。1907年9月1日,印度政府的储备情况如下:

表5

黄金	
印度的通货储备	4 100 000 英镑
伦敦的通货储备	6 200 000 英镑
小计	10 300 000 英镑
短期通知借款	
伦敦的金本位储备	50 000 英镑
伦敦的现金余额	5 150 000 英镑
小计	5 200 000 英镑
英镑证券	
通货储备	1 300 000 英镑[1]
金本位储备	14 100 000 英镑[2]
小计	15 400 000 英镑

---

1 账面价值。

2 同上。

(续表)

英镑总来源——	
黄金	10 300 000 英镑
短期通知借款	5 200 000 英镑
证券	15 400 000 英镑
小计	30 900 000 英镑

如此一来，取个整数，危机之时，印度事务大臣手中拥有储备 3 100 万英镑。在他身上，真是风雨欲来。到了 1907 年 10 月底，情况已经很明了，印度当年收成很坏，美国的金融危机正快速蔓延。11 月 4 日，英格兰银行将其利率提高到 6%，11 月 7 日（1837 年以来首次）提高到 7%。11 月 6 日，印度事务大臣在允许利率跌到 1 先令 $3\frac{29}{32}$ 便士的最低值的情况下，也仅想方设法卖出了 300 万卢比。在接下来的几个星期，在一年中通常对政府票据需求较高的时间里，他再没卖出一分一毫。但就是这样，他除了从市场上撤出货币之外，也未尝采取进一步的行动支持汇率。这一举措并不足以达到其目的，由是而生出了许多议论，认为他应该立刻采取更加严厉的举措来维持卢比的黄金价值，数月后他也不得不如此而为之。不过，对于每个人而言，这都是令人大惑不解，而且这对他们来说也是闻所未闻的时刻，所以，印度事务大臣的顾问班子在数周后方才醒悟自己的处境实在不足为奇。

由于印度事务大臣举措不力，以致汇率一开始下跌就再也收拾不住。汇率一天天跌个不停，到了 11 月 25 日，已经跌到了 1 先令 $3\frac{11}{16}$ 便士。这已经低于（从印度的角度来看的）黄金输出点，如果政府放任印度黄金自由流动，情况必不至于如此之糟。但正如我们从上表所见，印度的黄金储备没有多大。因此，个人不被允许一次取走 1 万英镑以上的黄金；如此下来，黄金只能慢慢地、零零星星地流动，为期长达数月之久。一旦急需，即令黄金在一周内消失，如此或更有用。

同时，印度事务大臣丧失了出售政府票据的收入之后，乃用伦敦通货储备中的黄金部分来满足其正常开支。尽管为求方便以更具流动性的形式使用而出售了大约100万英镑的英国政府国债，但金本位储备迄未有丝毫改变。

如此一来，到了1907年12月底，事态继续发展，此时虽然迫在眉睫的需要因汇率略微走强而暂时消失，但当局鼓足勇气采取了非常严厉的措施，采取这些措施对于维持卢比的黄金价值可能是必要之举。政府宣告，他们将在印度按固定价格出售伦敦电汇。受这一公告而激起的需求出现之前，政府又改弦更张，转头以1先令$3\frac{29}{32}$便士的最低固定价格出售伦敦英镑汇票。

到了1908年3月，实际黄金储备几乎消耗殆尽，但证券和短期通知现金尚且未动。4月初，汇率再次走弱，上述提议即进入实际实施阶段。起初每周是50万英镑，后来每周是100万英镑的伦敦英镑汇票，以1先令$3\frac{29}{32}$便士的价格在印度抛售。之后，在伦敦又用出售金本位储备证券的收益把这些汇票兑换成现金。到了1908年8月，大约有800万英镑汇票以这种方式被兑换成了现金。1908年9月初，英镑储备的情况大体如下表所示，我们可以拿它与前文所引的1907年9月份的情况做一番对比：

表6

黄金——	
印度的通货储备	150 000 英镑
伦敦的通货储备	1 850 000 英镑
小计	2 000 000 英镑
短期通知借款——	
伦敦的金本位储备	无
伦敦的现金余额	1 850 000 英镑
小计	1 850 000 英镑

(续表)

英镑证券——	
通货储备	1 300 000 英镑
金本位储备	6 000 000 英镑
小计	7 300 000 英镑
英镑总来源——	
黄金	2 000 000 英镑
短期通知借款	1 850 000 英镑
证券	7 300 000 英镑
小计	11 150 000 英镑

§9. 如此一来，印度事务大臣的英镑财源一年之中从大约 3 100 万英镑降到了 1 100 万英镑。但这些数字本身并不能对这段时间他在伦敦支撑自己财政的方式做出充分解释。1907 年 9 月到 1908 年 9 月，铁路贷款总量为 1 250 万英镑，"一般用途"[1] 贷款为 200 万英镑。[2] 其前者当中的很大一部分要用于清偿之前既已存在的铁路债务，以及在英国购买记入资本账户的铁路物资。到目前为止，贷款大体均用在这些方面，所以对总体情况的改善并无帮助。不过，用于铁路建设的贷款在印度可以用卢比来支付，这产生了相应增加印度事务大臣英镑财源的功效。在这一时期，因贷款而取得的净援助总额，我认为已经达到约 450 万英镑；因此，在萧条的第一年，印度事务大臣所面临总体情况的恶化之程度，不会超过 2 500 万英镑。

1908 年 10 月以后，市场仍然呈现出某种踌躇不定的状态。如果这个季度表现得仍然不如人意，那么，印度事务大臣很显然得大规模借钱了。事实上，这一年的收成让人满意，到了 1908 年 12 月，对政府票据的需求已然很强。可能在这里需要多说几句，以求把整个故事说完整。

1　1908 年 12 月又有一笔金额为 250 万英镑的"一般用途"贷款。

2　此一时期，因印度票据发行而产生了一笔 600 万英镑的短期债务，后来是用从鸦片贸易中得来的意外之财来冲抵的。

1909年8月和9月,当加尔各答再次不得不拿出英镑汇票来出售的时候,市场出现了短期的疲软。因为这段时间印度已然享有着高度的繁荣,所以,我们所检示的这笔储备才可能出现前文所分析的那种超强状态。

§10. 我是从这样的观点出发来看这场危机的:危机带来了耗尽印度事务大臣英镑财源的效果。对印度当局而言,危机展现则是其其他面向。那就是,印度当局能够从流通中撤出多少卢比这个问题。除非税收收入不足,除了贷款之外,印度事务大臣可资利用的英镑财源必定恰好与印度政府可以从流通中撤出的卢比数量相等。这是因为,每一笔从储备的任一英镑项下的划出,都必定与卢比项下的划入相等。英镑储备量是衡量当局撤出卢比能力的指标。反过来说,情况不妙时可以从流通(或者从贮存)中撤出的卢比数量,乃是为支持通货而被迫动用其英镑储备的数量设置了一个上限。

由此一观点出发,我们可以给出如下事实:——截至1908年3月,接近1.15亿卢比通过释放黄金而被撤入到通货储备中,截至1908年12月,这个数值已经攀升至1.54亿卢比。一直到1908年3月都还没有必要把卢比转入黄金本位储备。但到了1908年11月底,已经有大约1.3亿卢比以这种方式撤出流通领域。在印度现金余额账户(该账户以卢比形式持有而非以通货现钞形式持有)中,存放卢比的部分也有少量增加。这样一来,实际流通量一共减少约2.85亿卢比(1 900万英镑)。这个数字充分接近我们研究英镑财源时所给出的数值。

§11. 这就完成了对截至1908年危机结束时整个事件的叙述。我已经给出了只与我所论主要论题相关的细节——这个论题就是,该笔储备是否足够实现我们的目的。

§12. 首先,让我们考察一下卢比铸币是否充足。支配这一情势的事实是,卢比储备的每一次增加,都会等量减少英镑储备。是故,若然卢比储备不够充足，最差的情形也就是在繁荣时期延误商人的交易而引起不便；但是，设若英镑储备不足，一场可怕的危机就可能把整个情势恶化到引发恐慌的程度；而且，在最后一刻，卢比储备总能从英镑储备中得到补充，而不会造成过分的延误，但英镑储备显非如此（危机时因黄金价格上涨则白银不是那么好卖）。因此，我们当然希望把卢比储备保持在尽可能低的水平，不失审慎。制定合适的政策主要所需的实际信息，乃在于政府能够多大程度上在其需要时轻而易举地供应新卢比——也就是说，政府能够在多大程度上安然实施那种勉力维持的政策。这取决于政府能在不花费高额费用的条件下，用多快的速度购买白银，以及印度铸币厂能用多快的速度把白银铸成卢比，而这一速度要与迄今为止所经历的新需求的最快速度联系起来看。

§13. 印度政府近来试图解决这第一个问题，很不幸，这个问题牵涉到了政府官员大量丑闻。白银市场非常狭小，仅能容一家或少数几家经纪人从事交易。只要政府作为买家现身白银市场，总会有一帮投机者兴风作浪，推高白银价格。除了这些为投机推波助澜的经纪人之外，还要有一家唯一能够暗中购买大量白银的公司，这间公司之所以如此，就是为了防止投机者们失手。很遗憾，这间公司的首脑与印度事务副大臣在血缘关系上极为亲密。摆在面前的有两种做法：一是公开购买，多付些钱，让这些投机者们得遂所愿；再就是甘冒风险，以权谋私，对那些不相信政府秉公执法而又有利益诉求的人收取贿赂——这些人当中有失望的投机者，对通货体制心怀不满的人，或者反对党成员。官员们（很官僚地）对印度财政部和印度纳税人的考虑要比下议院深得多，他们事实上选择了第二种做法——究其实质，这可能是因为这些官员长期以来未尝因贪腐获罪而养成了过于天真的心态所致。结果，他们对下议院关注个人丑闻的浓厚兴趣考虑得大大不足。印度通货问题已经变成了几乎都很感兴趣的问题。下院议员彼此间询何谓金本位储备，当新闻记者告诉了他们之后,他们才心怀恐惧,意识到金本位储备中没有黄金。随着调查进一步深入,许多迄今未尝预料到的事实逐渐浮出水面。人们这才发现,伦敦货币市场中最重要的成员都是犹太人,印度政府持有的英国政府债券,甫一买入就跌到了市场价值以下。但公众却尤其关注这样的事实:伦敦的现金余额经过一段时间的大幅波动之后,已经在一年之后提升到了一个远不寻常的高位,而且以非常之低的利率借给了有着外国名字的人。那些议会普通议员如何才能确信,某个国际化的犹太人辛迪加没有以印度农民的利益为代价养肥自己呢? 而这些辛迪加还宣称他们是这些农民的资产托管人。印度通货实在太过复杂,不可能随便看上两眼就通晓其中款曲。很多未尝关注这种贪腐横行现象的人感到,从法律上看,这里存在着大量他们难以明白的内容,而且这样的内容还有日渐增多的趋势,他们也想让自己充分理解这些概念,而不仅仅凭借着官员们的说法,认为一切真都秩序井然。这种情况以前基本上也有出现,只要下院与印度的关系既觉重任在肩,又感全然无知,这种情况还会在未来不时出现。

§14. 这类情况本身只具有极为短暂的重要性,但它们可能对我们目前在讨论的具体问题有着某种永久性的影响。若是预期官员们会再次置自己的个人声誉于瓜田李下之地,怕是万难,即便是为了印度财政部的利益,如此预期也缺乏根据。印度政府下一次不得不大量购买白银时,他们可能会公开购买之,并会按照政策要求支付这笔额外的费用。要是只为了节省50万英镑,就陷政府的交易于任人猜疑之境,实在不值得。因此,假设政府未来仍将公开购买白银,我们就得考虑,是在白银价格较低且手中握有存货时让他们购买更加便宜的白银,还是等到最后时刻再按照那个时候无论多高的价格让他们购买呢? 我倾向于认为,这两种政策中第二个更好一些——虽然坦率地说,我们当下并不清楚该走什么样的路。对某个时刻是不是购入白银的好时机进行判断,不是政府官员日常职责范围内的事情。估计白银未来价格走势的投机事务,最好留给这方面的专家来做,即便最终支付的价格包含因他们的服务或预测而支付给他们的佣金。其次,就一个局外人所知而言,白银投机团伙的历史并没有表明,这类投机交易非常容易或稳赚不赔,或者说,他们也不见得就能取得巨大成功,以此来鼓励人们未来大规模从事投机交易。我并不了解投机团伙在这种交易中能取得多少利润;但持有白银的费用长期而言可不是一个小数,虽然过去两年白银价格大涨,但尚不足够——据我们的判断——提供一笔与巨大风险相称的利润盈余。第三,对于印度政府不时面对的对新卢比铸币的迫切需求,是否会像刚刚过去的一段时间所表现的那样,在未来依然经常出现,似乎也并不确定。一方面,自1900年以来,大规模铸造新货币的行为正在不断累积其影响,并降低了未来铸造新货币的可能性;另一方面,其他交易媒介的增多(希望如此)将有其他途径来满足对通货的迫切需求。

§15. 因此,我认为,政府不需要通过避免购买他们本该购买的白银来展示其长远的预见力。但是,当期白银存货下降到较低水平,在**不久的将来**就会出现明显的需求信号时,则铸造硬币的时间又能安全地延后多久呢? 为了回答这个问题,我们需要知道铸币厂的最大产出率,以及截至目前所经历过的,对新货币的最大吸收率。

§16. 不同年份卢比的吸收率在本书(原书)第55页的表格中给出来。1905—1906年10月到12月,最大吸收量为113.9万卢比;1909—1910年1月到3月,这个季度的最大吸收量为26.8万卢比。据估计,印度铸币厂在不加班的情况下每个月可以出产22.5万卢比,如果加班则可出产45万卢比。因此,似乎没有什么理由过分担心政府会出现卢比短缺。如果他们打算旺季开始时手握5 000万或6 000万卢比——这超过一般所认为的安全底线——那么,合理而审慎的需求就可以得到充分满足。我们所讨论的安全最低值必定取决于环境,尤其取决于发行的票据数量和印度政府手中持有的黄金总量；随意提出一个数字，然后认定它是永远适用的，这是不可能的。我现在只来讨论超过这一最低值的盈余，基于经验，这个部分可能才是政府在旺季到来之初努力囤积的东西。这个计算结果涉及通货储备和金本位储备两个账户中**总**的卢比数。

§17. 我们现在来讨论更加重要的英镑储备的充足性问题。

我认为，人们未尝考虑清楚持有这部分储备的确切目的。我们可以把这个困难归结为下面这个问题——英镑储备纯粹是作为通货储备，或者也要起到银行储备的作用？也就是说，他们唯一的目标就是要确证，政府是否总是能像他们保证的那样，用英镑来交换卢比和纸币？或者，他们也想搞清楚印度政府能不能在危机到来之时履行自己的国际义务？这两个目标显然并不相同。如果所有银行家和商人都充分持有卢比和纸币的情况下，那么，如果政府总是能够把这些卢比和纸币兑换成英镑，储备也是充足的。但如果在金融危机之中，印度货币市场在没有政府援手的情况下实际上是不能履行自己的国际义务的，难道政府就准备静立一旁，任由（例如）三家管区银行中止现金支付，或者在必要之时，用自己的英镑储备支撑陷入绝地的印度货币市场吗？

如果政府的储备完全用来支持通货，那么，就我们预计所及，我们可以在储备中为政府从流通领域抽走的和政府为兑换而提供的卢比与票据的最大量，为这一必要的储备量设置一个上限。另外一方面，如果旨在把储备当作银行储备来用，并意欲用它来确保印度政府随时履行国际义务的能力，那么，这个上限还要留出印度为应付逆差而需即时支付的最大数额。

§18. 我们先来讨论第一个假设下的问题——政府一直积累的储备只是为了用于通货储备——稍后我们还会回到为了更多用途而持有储备这个问题上，以及印度国际收支账户中负债的可能数额。

§19. 为估计只是支持通货所需的这笔储备的数额，我们首先需要弄清楚现有的通货数量是多少。这是因为，这个数量设定或给出了可以从实际流通领域撤出的最大数额的极限。

对印度卢比流通量的估计，我们有理由用一些非常有意思的计算方法尝试一下。过去很多年来（自 1875 年以来），每一届政府的财政部都会对一个包含两个文件的数据包进行检视，对卢比数量进行年度统计。这就使 F. C. 哈里森（Mr. F. C. Harrison）在担任通货审计官时能够充分运用杰文斯的方法；他还可以参考过去发行（比如 1835 年和 1840 年）的数量以及铸币厂回收铸币时从流通领域实际收回的数量，对他的估计进行印证。哈里森先生的估计结果要受继任通货审计官阿代先生（Mr. Adie）的检查，阿代先生使用另外两种在技术上更为复杂的方法对相同的材料进行了检视。[1]

杰文斯的方法是建立在这样的假设之上的：在给定样本中所发现的不同日期发行的铸币之比例，大体上与其流通中的比例相一致。最新进入流通的数量，与铸币厂的发行数量没有很大差别。总而言之，如果我们知道 1860 年和 1912 年流通中硬币的相对比例，而且如果我们大致了解 1912 年硬币的绝对数量，那么，我们就可以计算出 1860 年还在流通的硬币数量。把这种方法运用到印度数据上，我们需要假设，政府财政部门堆积如山的数据包中发现的每个日期下的卢比比例，确可视为仍在全国流通的各时期卢比的比例。不过，在像印度这样的国家里，流通领域中可能会有相当的沉积，那些进入到印度财政部门的硬币，可能只是铸币浮动盈余的一个样本，而不是贮存的总量，这个样本具有相对较高的流通速度，而总量中则包含相对罕见的手手相传的半贮存铸币。由于这些样本可能包含最近发行的铸币不相称的比例，因此，基于这些样本

---

[1] 运用于这些不同的研究中的方法的详细情况，参见纸币通货委员会首席专员报告（分别是 1894 年、1895 年、1896 年、1897 年以及 1900 年）的附录。也可以参看哈里森先生发表在 1891 年《经济学刊》（*Economic Journal*）论"卢比调查"的文章。

估计总流通量，可能达不到预期的真实程度。而且，我们也有理由认为，在某些情况下，负责对这样的样本进行检视的官员也不总能细致、谨慎地进行处理。我们还注意到这样一个趋势，较之于其应该有的结果，一年的统计结果要更接近于前一年，把一批铸币归诸公认没有铸币的那一年，亦无违和之感。不过，哈里森先生和阿代先生的计算以及他们依据的数据，总体看来是一致的，根据我们的判断，应该相当精确。

F. J. 阿特金森先生（Mr. F. J. Atkinson）所采取的估计流通量的方法非常不同。[1]他的方法很直接，而且从1831年现代铸币开始，对通货的增加量以及因出口或熔铸等原因的损耗量进行了逐年计算或估计。其计算里的有些项目是确定已知的，但其他一些项目，例如每年熔铸的数量几乎全凭猜测。他的计算中包含着大量猜测这一事实，最终使其计算也变成了猜测。这是因为，停止铸币之前的一段时期，他对熔铸数量的一些估计似乎太低，这可能可以解释何以其最终计算出来的流通量要比哈里森先生和阿代先生的计算结果高出很多。近来，也即自停止铸币以来，尤其是自1900年达成新均衡以来，采用阿特金森先生的办法所算出的结果，要比前些年给出的结果更让人满意，因为在后些年的计算里，那些存有疑问的项目所占总体的比例更小，这就不太会让我们出错。因此，对于早些年的计算，我是倾向于哈里森先生的结果的；但我认为，我们可以采用类似于阿特金森的逐年计算方法，一直计算到最近为止。在19世纪90年代，阿特金森先生估计值的提高，源于这样的事实：由于据称他的数字没有包括囤积的卢比，所以他必须为从这部分囤积卢比然后进入流通的铸币留出更大的余裕来。

实际数字如下：

1　1897年3月和1903年3月的《统计学杂志》。

表7 卢比的估计　　　　　　　　　　　　　　　　单位：千万

	哈里森	阿代，第一种方法	阿代，第二种方法	阿特金森[1]
1881		100	…	135
1882		111	108	133
1883	大约115	113	110	136
1884		106	107	136
1885		104	105	139
1886		106	110	145
1887	…	109	108	148
1888	120	106	106	152
1889	…	112	112	154
1890	…	121	115	159
1891	…	121	116	166
1892	125	129	121	167
1893	128	132	130	173
1894	…	129	126	176
1895	…	128	127	169
1896	…	121	120	172
1897	…	116	116	178
1898	120	118	113	183
1899	…	118	112	178
1900	…	…	…	177
1901	…	…	…	189

§20. **数据**就是这些。要估计在停止铸币之后的时间内所囤积的卢比中有多少被拿了出来，是非常困难的。阿特金森先生的数字表明，从这个部分拿出的卢比不仅用于赔付实际流通领域的自然损耗，而且实际上还使其数量大大增加。据这一时期的价格判断，我认为，在这方面他留出的余裕太大了。另一方面（指总流通方面），哈里森先生和阿代先生的数据指出，由囤积而成为通货进入流通领域的卢比，数量更为适中。不过，我提出了一条中间道路，它更接近于哈里森先生而不是阿特金森先

---

[1] 这是阿特金森先生1897年和1903年分别给出的计算结果，我采纳的是后者。他的计算显然把囤积的卢比、通货储备和政府余额都排除在外了；因此，他的计算结果完全与其他结果没有可比性。如果是这样，超出量可能比表7实际给出的数字要大得多。

生的方法，假设 1900 年的**公开流通量**（即把通货储备和政府余额中的卢比排除在外）是 12 亿卢比。就我们的目的而言，这个估计值可能非常接近真实情况了。如果它不对，我认为，更可能出现了低估，而不是高估。

从这一假设出发，我在下表中给出了详细数据，计算出了当前的大概流通量。这里的**公开流通量**，无论是卢比还是现钞，我的意思是指不在政府手中的全部流通量——即包括银行手中的流通量。我主要关心的是卢比的流通量；但现钞的公开流通量已经加在倒数第二列，因为了解这一数字对认识通货的**总公开流通量**有益。

表 8　卢比通货　　　　　　　　　　　　单位：10 万

财政年度，4月1日—3月31日（次年）	4月1日的卢比公开流通量	新铸币减去重铸币[1]，以及其他[2]	从通货储备、金本位储备和财政储备中支出的卢比	净[3]出口	3月31日的卢比公开流通量[4]	3月31日的现钞公开流通量	3月31日公众手中的通货总量[5]
1900—1901	12 000	+1 360	−466	−35	=12 859	+2 379	=15 238
1901—1902	12 859	+204	−272	−142	=12 649	+2 424	=15 073
1902—1903	12 649	+60	−58	−223	=12 428	+2 887	=15 315
1903—1904	12 428	+1 142	−45	+40	=13 565	+3 154	=16 719
1904—1905	13 565	+688	+55	−61	=14 247	+3 373	=17 620
1905—1906	14 247	+1 611	−211	−78	=15 569	+3 790	=19 359
1906—1907	15 569	+2 288	−488	−128	=17 241	+4 120	=21 361
1907—1908	17 241	+1 548	−1 156	−41	=17 592	+3 865	=21 457
1908—1909	17 592	+2	−1 490	−29	=16 075	+3 923	=19 998
1909—1910	16 075	+8	+1 314	−139	=17 242	+4 651	=21 893
1910—1911	17 242	−42	+376	−172	=17 404	+4 568	=21 972
1911—1912	17 404	−7	+1 161	−113	=18 441	+5 324	=23 765
1912—1913	18 441						

1　此栏数字来自通货部门，各年发行的净铸币总量，与铸币厂统计出的铸币数量略有不同。

2　因为前两年付给了印度土邦大笔卢比，所以此处数字做了扣减。扣减额与通货部门的报告一致。

3　巴林岛、锡兰（今斯里兰卡。——译者注）、阿拉伯半岛、毛里求斯和东非海岸

4　为计入卢比的自然损耗（见后文）。

5　同上。

这个计算没有考虑由于铸币磨损和各种原因造成的损毁或者卢比过境时的固定漏损而造成的一般性损耗。这最后一项数目可能过大，不适合解释贸易收入。陆路贸易的统计记录表明，每年对印度的大笔余额，可能是由未加记录的金块、银块和卢比出口来偿付的。例如，以尼泊尔为例，统计记录表明，印度**进口**珠宝给尼泊尔带来了大量净余额；中国的西藏地区、阿富汗和所有陆地边境口岸的官方统计都表明，珠宝出口数额与我们所了解的境外卢比流通量是不一致的。把所有这些漏损加总起来，我认为，我们把卢比的损耗定为每年 500 万到 1 000 万之间，并没有高估。因此，我提议，在 1900 年到 1912 年间的 12 年里，卢比的扣除额总计当为 410 万。

这让我们得出：1912 年 3 月 31 日卢比的公开流通量为 17.5 亿卢比（1.165 亿英镑），包括现钞在内的总公开流通量为 28.8 亿卢比[1]（1.52 亿英镑），自 1900 年以来卢比流通量增长 46%，总流通量增长 58%。如果阿特金森先生对 1900 年流通量的估计比哈里森先生的估计更贴近事实，那么，1912 年卢比公开流通量可能高达 20 亿。在 1912 年这一年里，大量新铸币出厂，但在本书写作时，尚未有关于此的准确统计数据。对于我们当前的目的而言，把卢比和纸币的公开流通量设定为不超过 25 亿，应该是相当谨慎了。

§21. 危机之时，这笔通货有多少会从流通领域流走呢？1908 年，卢比流通量（在其最低点）下降了略少于 3 亿，或者说，略低于彼时所估计的卢比流通量的 20%。现钞流通量（参看原书第 55 页）下降得更加严重。当此之时，我不想呼吁政府从总流通量中兑换走超过 25% 以上的货币（现钞和卢比），或者按照前面的流通量计算，兑换走（比如说）6 亿卢比（4 000 万英镑）。如果政府纯粹以当前目的为务，而设法保有这一

---

[1] 这表示人均流通量在 7 卢比到 8 卢比之间。

数量的储备，那么，我认为，他们应该做得尽可能审慎。我的意思不是说，呼吁政府兑换走比这更多的卢比是不可能的，而是说，为了应付所有可以想象的紧急情况而维持这样充足的储备，太过浪费，因为毕竟还有可以径直使用的其他手段。除非伦敦货币市场连同印度货币市场一起崩盘，否则，它总会向印度事务大臣敞开大门，任凭他用印度票据借贷。这也没有什么丢人的——虽然确实可能会发生一些费用。但是，如果印度事务大臣不得不给土耳其或中国支付一笔利率，那么，这笔费用总是大大低于维持一笔针对未必会发生的危急情况而保有大笔储备的费用。[1]

§22. 关于通货储备的适当规模，我们已经讨论多次。把通货储备当作银行储备使用的问题，又引出了两个问题——一个是政策问题，一个是统计问题。政府应该将其储备用于银行储备吗？ 如果应该，这个储备当有多大？ 我们首先来看政策问题。

§23. 有三类危机可能会困扰印度货币市场——一种是纯粹的内部危机，在这种危机中，银行在面对印度储户的挤提上存在困难；一种是纯粹的外部危机，在这种危机下，印度因欠下伦敦货币市场大笔资金，故被要求偿款，但在国内，不存在严重的银行困境；还有一种是普遍性危机，在这种危机中，内部危机和外部危机的特征兼而有之。

第一种纯粹的内部危机可以借助于政府财力，而且不会对与卢比财源相区别的英镑财源提出任何特殊的要求。麻烦可能始于普通类型的繁荣，银行方面的大笔承兑，外国商品的大量进口以及（未来）大批国内

---

[1] 1899年，印度政府认真思考过贷款的可能性。参看1899年8月24日的新闻报道（下院，1913年，第495通，第13页）："如果印度在实施新通货的早期，受到饥荒或其他不利情况的困扰，在备足储备之前，若客观环境使得借钱维持货币本位有了绝对必要性，那么，我们更愿意防止这种情况发生……不是靠真正的借款，而是靠获得借款的权力……我们满意地认识到……阁下已经在下院陈述说，若证明借款有其必要，即可采取借款的方式。"

企业的创办。如果在初秋时节,季风带来的严重损失显现出来,不少泡沫银行关门,随后快速蔓延到全印度[1],会是一种可能的后果。印度的储户一般可能会因内心担忧而在自己家里大量囤积货币。印度的汇兑银行有大量这类储户,银行手中的现金很少[2],以致它们可能需要尽快从伦敦进口资金。不过,印度股份制银行现在的地位如此重要,汇兑银行可能不能胜任拯救局势的角色了。所以,政府会被迫给管区银行垫款。这种情况过去时有发生,最近一次发生在 1898 年 4 月,彼时孟买银行的银行利率为 13%,要求政府垫款 250 万卢比。[3]

这提出了第一个政策问题 内部危机出现时,政府应不应该预先向银行付出卢比,从而充实其储备。但是,这个问题几乎与政府的英镑财源没有什么关系;而且,除非政府的储蓄银行同时陷入困境,否则的话,若然人们认为此法是正确的,则政府在帮助银行家方面不会遇到任何困难。

由于普遍的萧条或歉收而导致的第二种经济危机,像 1907 年的情况,其时并没有同时伴随出现我们适才所说的内部银行困难,在这种危机下,印度必须应对伦敦的大幅逆差。究其原因,乃是因为必须通过伦敦提供汇兑,是故,这次危机引起了政府英镑财源的外流,其大小与给政府兑现或支付英镑汇票的现钞和卢比的量适成比例。

因此,在这种情况下,一开始政府使用其储备而不是通货储备,并没有什么问题,银行也会用它们大量的现钞和卢比去购买政府的英镑汇票。只有在萧条大大延长,而且灾年一个接着一个的时候,除相应的现钞和卢比面值之外,可能还需要政府的英镑垫款。

---

1 参看第七章。
2 参看原书第 215 页。
3 政府批准这一垫款的时候,就是垫款面对的紧急需求结束的时候,因此政府实际上不用作出垫款。

不过，将来不是不可能出现第三种普遍危机——印度出现巨大逆差，同时内部银行危机也出现了。在这些情况下，最困难的政策问题就会出现。印度货币市场就要把资金汇往伦敦，但由于内部银行危机和囤积狂潮在储户间爆发，印度甚至拿不出卢比汇往伦敦。因此，政府在加尔各答售出英镑汇票，或者从通货储备中放出黄金，均无法应对这种情况。如果对银行普遍的不信任广泛传播开来，而现钞、黄金和卢比又以旧式的方式被大量囤积，那么，银行就无法找到充足的现金根据自己所需，去为政府汇票付款。到时候的局势会是这样，在管区银行利率为（比如）12%的条件下，印度货币市场濒于无力清偿债务的边缘，印度政府手中有（比如）4 000万英镑，但兑换现钞和卢比的需求量却不够大。政府迫切需要通过使用英镑垫款来拯救局势，而非借助其他一些非货币债券来挽大厦之将倾。

§24. 现在，我们有了挽救局势的可能性。如果处在上述任何一种情况之下，面对卢比或英镑的垫款要求，政府到底采取什么措施最适合呢？

一方面，垫款政策可能会给印度货币市场带来严重的缺陷，——这个缺陷可能与印度通货体制有关，那就是说，印度的通货体制里没有中央银行，一般情况下，地方货币当局是不干涉货币市场的。持有应该由银行家持有的储备，不是政府分内之事。但如果政府出于其他目的实际上在手中持有了大量储备，而且如果人们相信，在极端必要的情况下政府会拯救市场，那么，银行持有的储备或许会比应该持有以及愿意持有的稍少一些。我们重申一下美国长期存在且对其不利的情况。和印度的情况一样，美国政府手中还有一笔正常情况下与货币市场无关的庞大通货储备。美国也没有中央银行。预期政府会在极端情况下拿出它的黄金拯救市场，总是听说对银行在危机时期自己采取自救所能起到的作用很微弱。对印度而言，最终的解决方案可能就是设立中央银行，这间银行还要是政府的银行，而且应同时持有银行储备和通货储备。[1]

与此同时，尽管有了这样的考虑，我认为，政府还是无法扛得住危机时加在他们身上的救市压力。实际上我并不知道他们应不应该抵抗这一压力。大笔储备在手，又不用它们来消除灾祸，真是荒谬。局面之尴尬，所来有自，只要银行与通货当局之间当前的分离得以维系，这种尴尬局面就无法避免。因此，政府应该制定相应的计划。

§25. 如果这样的观点是强而有力的，而且，除非印度政府明确认定，他们的英镑储备不管出现什么情况都只能用于支持汇率及其通货的英镑价值，否则拖延几个星期采取行动都可能致命，所以应立即采取行动，则理解此点就非常重要。我把白芝浩先生许多年前在英国一力主张并成为英国不成文宪法中地位无可撼动的信念，也是众所周知的信条——恐慌之时，英格兰银行的储备必须在适当的高价上毫不犹豫和迟延地交给公众处理——断然应用于印度的情况。这里有一个危险，那就是，在金融危机陡然到来之时，人们不会就这个事态思之再三，这样一来，在做出决策并征求最佳提议之前，无形当中必已耽搁了一段时间。如果印度出现普遍银行业危机的迹象，尤其是如果汇兑银行在英国的头寸不断减少，我倾向于认为，政府马上宣布他们将按照（譬如）10%的利率供给管区银行（或其他核准的借款人）1 000万英镑，任由其处理。如果这一行为无法得到实施，情况也很可能会是这样，那么，对印度银行的挤提，以及汇兑银行在伦敦进行临时贷款时的困境，就会立时显现，政府可能就会发现，自己在处理随之而来的萧条时形势非常有利，但可能会造成资金上不大不小的损失（他们认为只是宣布一下就足够了）；虽然类似的公告在延迟一段时间之后还是最终被迫发出，但如果恐

---

[1] 我在第七章会来讨论这个提议。

慌获得了动力，1 000万英镑会被很快吞噬掉。

§26. 在转向统计问题之前，与上文相关联的两点可能要加以强调。第一，在金融危机到来之际，伴随着的是大量银行倒闭，我不认为此时政府会因为用英镑兑换纸币和卢比的需求而被压垮。这与我们所知世界各地类似危机的情况大体一致，同样是希望大规模囤积货币而不是减少对通货的需求以及出口通货的能力。对此一问题的看法，我认为，1907—1908年的经历告诉我们，这是一个误导。在1907年11月适逢多事之秋的那几个星期，当英格兰银行的利率维持在7%时，孟加拉银行的利率还没有上升到6%以上。[1]无论如何，就是没有明显出现从印度银行挤提货币的趋势，或者对那些正在认识银行的人，也没有出现重新囤积货币的趋势。另一方面，粮食相对歉收也使财政官员手上有了大量他们无法使用的卢比资金。这样，银行毫无困难就能取得卢比和纸币，唯一的问题在于，政府如何把这些卢比和纸币转换成英镑。当此之时，国内货币市场的宽松以及并未遭遇任何麻烦的银行业会给人这样一种印象，即危机到来之时将会有大量卢比可用，唯一的问题是政府能不能把卢比和纸币换成英镑。从那时开始，印度股份制商业银行在并不稳健的情况下发展迅猛，让人心里不是很确定，在下一次程度相同的危机中，还会不会出现任何银行的困境。

现在在英格兰生活着的人们，没有谁的记忆里还把囤积当成是一件正常的事情。但在那些刚刚废除传统或仍有残余的国家里，只要稍有一点儿危险的火星，就会以惊人的燎原之势重新恢复这些传统。巴尔干战

---

[1] 1907年秋季和1908年春季的印度银行利率变动情况，可以参看第八章的附录表格。最终，在1908年1月16日，孟加拉银行利率上升到9%（孟买的银行利率直到2月7日也没有上升到这一水平）；但这年冬天这种情况尚不反常，1907年和1908年的货币平均利率均低于1905—1906年和1906—1907年两个相应繁忙年份同一季节的利率水平。

争期间,法国、德国和奥地利(尤其是奥地利)的民众争相囤积,场面令人侧目,这表明,那些国家的银行系统虽然很容易出现危机,虽然有些人已经开始遗忘了银行系统的危险,如果欧洲国家也是这般情况,则毋庸置疑,印度亦难幸免。虽然有些银行会破产,政治上会遇到点麻烦,——旧有的制度会卷土重来,但银行业的进步总还是能够带来一段时期的繁荣。

但第二,假设出现严重的金融危机,且伴随着囤积的不断增加,如果所囤积的是卢比和纸币而非黄金,则事情显然会更好。这种情况不是不可能发生。在对所有私人机构的信心完全破灭之前,对政府有能力履行其职责的信任还会持续一段时间。例如,在奥地利,人们囤积黄金或白银就不如现钞多。我相信,在印度一些地区,尤其是在那些黄金相对缺少的地区,囤积现钞有时候已经达到了相当可观的程度。例如,据我所知,一个非常保守的婆罗门家庭在东孟加拉拥有小块土地的,情况便是如此。这个家庭的家长每周都会独自躲到房屋一角,小心翼翼地把贮藏的纸币掏出来,数来数去,仔细地检查,用毛刷掸去灰尘,把钞票拿到太阳底下通通风,除除潮气。如果哪一张钞票有点破旧或残损,他还会把它拿到最近的一家通货办公室,换上一张新票子。在多事之秋,这样的家庭会囤积更多现钞或白银,而非黄金。不过,这只是证明了我已经详细阐述并强调的一点——任何促进黄金普及化的方式,均会降低通货的稳定性。

§27. 回到原来的话题上来,我得到了这样的结论:政府实际上是无法只对通货负责的,它可能不得不减轻银行业的鲁莽或不幸所带来的后果,而且在应对债务逆差问题上承担起责任来。这个结论为我们带来了一个统计问题。就通货的可兑换性而言,我曾提出的储备的安全上限4 000万英镑,在我们测试可能出现的印度债务逆差时,还是不是足够充分?

这个问题比前面那个有着精确答案的问题更难回答。印度国际收支账户中的**变化**因素主要有：（i）出口超过进口的部分（包括财宝），即贸易余额；（ii）欧洲资本家借给印度的**新的**固定资本量；（iii）欧洲货币市场可以给予印度的短期贷款量。

为了评估债务的可能余额，我们需要知道这些项目上可能**变化**的量值，而不是印度每年必须支付的绝对数量。最大的重点一般放在第一项上——贸易余额。但在正常的情况下，在资本交易得到记录之后，经常项目收支才能平衡；而如果每年都流入一定数额的新资本，这一流动的放慢正如出口量减少会影响经常项目收支一样，反向影响贸易余额。在1907—1908年，债务逆差很大程度上是因为贸易余额账户的变化。即，一方面，经济繁荣时期订购的商品在滞销之后的几周内，还会持续流入孟买，因此在一段时间内还会供给大量印度票据；另一方面，季风没有如期到来，以及随之而来的歉收预期，使伦敦商业汇票的相当大一部分都被停止了。但哪怕是在这种情况下，程度相当之大的逆差并没有使条目（ii）和（iii）的资本交易发生变化。国际货币市场上偶因美国的情况而造成的银根短缺，使汇兑银行和其他银行必须把它们在伦敦借贷以用于印度（直接或间接）的短期借款降低到正常水平以下；而这种银根短缺也引起流向印度的新投资低于其一般的数量。

因此，1907年9月到1908年9月，必须填补的逆差有2 500万英镑，其中或许有1 800万英镑是贸易余额的变化造成的，有700万英镑是因为新的资本交易的减少，以及不可展期的短期贷款所造成。[1]不过，从1907—1908年的经验中对未来将发生的事情进行论证是不容易的。贸易

1　与1907—1908年的那些事件相关的这一问题，其更为全面的讨论，可以参看我的文章：《近期印度的经济事件》，载于《经济学刊》（*Economic Journal*），1909年3月号。

量从那时起已经大大扩张，[1] 丰年和灾年之间顺差的绝对变化量可能还相应有所扩大。此外，在这一时期，银行业的增长规模也颇大；因此，短期贷款市场上的扰动就有了更大的空间。而且，如果印度国内银行业情况像我在第七章所述的那样不堪一击，银行业严重衰退可能会令伦敦的汇兑银行陷入困境，但这些银行固有的充实头寸实际上会让他们竭尽全力去帮助印度市场。

§28. 这些就是相关的一些思考。但我们在这些思考的基础上，所能得出的有关逆差可能量值的任何结论，都比猜测好不了多少。无论有多少价值，我还是打算给出我的猜测。我认为，4 000 万英镑是我设定的最大数字，这笔钱要用纸币和卢比按英镑来偿还，并能充分应对任何单独年份所出现的逆差。但我不认为这笔钱足够应付两个连续的灾年。另一方面，有必要记住的是，由于歉收导致民众购买力大幅下降，所以在第二个灾年到来之前的一段时间里，还会出现进口额的大幅减少，而且对纠正逆差大有益处；此外，如果在第一年出现了很多清偿短期贷款的情况，那么，在第二年按相同的数额重复这一行为就没有必要。总之，趋向均衡的*自然力量*会从第二年开始，更为强势地显露出来。为每一种可能出现的结果预先累积储备，也是完全没有必要的。连续两个灾年的概率也不大；而且如果真出现了两个连续的灾年，印度事务大臣也会有充裕的时间为借款做出自己的安排。

因此，我认为，如果把 4 000 万英镑当作一个适当的限额，不是先前所说的各类英镑财源的总和，而只是金本位储备和纸币储备的英镑部分（即排除了现金余额）。

在像印度这样的国家里，资本扩张所要求的全部可用资源，为了未

1　印度生产和制造的总出口：1906—1907 年，115 625 135 英镑；1911—1912 年，147 813 000 英镑。

来利益而采取的加重当前负担的政策,既不正确,也不仁慈。在储备政策上避免过度浪费,与避免过度悭吝,重要性几近相同。随着卢比和纸币流通的增加,储备的比例当然也应该同比增长。但在现行情况下,要在金本位储备的英镑账户以及纸币账户中,持有远远超过 4000 万英镑的资金,近乎奢侈。如果这些储备略低于此,只要这证明了增加储备是一件令人难以接受的事情,则我并不认为出现这种现象一定值得责备。这是因为,应激性的贷款总是可以取得的。[1] 我的结论是说,应该通过自然增长的方式,令储备增长到像这样的数字所达到的水平,当然要在这笔钱从储备转到其他用途上去之前。

不几年之前,要想把储备达到这样安全的局面,还似乎是异想天开之念。但本书第 131 页所给出的细节表明,1912 年 12 月,英镑储备总额已经超出这一安全水平。不过,当时这个数额是否正常,尚且不太清楚。如果该数额是正常的,那么,储备的情况就足够充分了。但持有这些储备的形式却招来了许多批评,这是我们下一个讨论主题。

§29. 这些批评中有一个最流行的说法,这种说法主要直接针对金本位储备的绝对量,针对大部分储备在证券上的投资,以及伦敦货币储备中的部分黄金。

关于金本位储备的数量,1904 年寇松勋爵倾向于认为,1000 万英镑可能是一个恰当的数字。1905 年,身为总督会议财政委员的 E.劳爵士(Sir E.Law)认为是 2000 万英镑。1906 年,E.贝克尔爵士认为,2000 万英镑是一个相宜的最低值。最近,1912 年,相关官员宣布称,他们的目标设定为 2500 万英镑。如果印度事务大臣在很长一段时间内一定要把政府票据取款量削减三分之一或二分之一,那么,E.劳爵士和 E.贝克尔

---

[1] 印度政府在这方面处在非常强势的地位,因为很少有哪个国家像印度这样,在国外金融中心拥有一个运转良好的信贷市场。

爵士都是把他们的估计建立在印度事务大臣所需要的国内费用总量上的。我不认为这是探讨这个问题的最有用的观点，或者在不参考其他储备的量值情况下可以讨论金本位储备的恰当量值。

§30. 上文所引的另外两个批评意见，带来了这样一个一般性的问题，即如何持有英镑财源，以及如何把这些财源在这几个储备之间进行分配。这些问题中的第二个，主要是会计簿记问题，但仍然具有重要意义。印度政府当前的通货体制并无逻辑上的基础，很难加以理解，因此常会生出许多误解。理想的通货体制应该简单而富有逻辑性，必要时刻还要能让货币当局腾出一只手来进行变动和调整。当前的通货体制部分是历史渊源的结果，部分是货币当局凭借着法律而不让自己完全放手所造成的。例如，在金本位储备中持有6 000万卢比铸币的做法就备受批评，这可能是因为有法律明文规定，存放在伦敦的通货储备只能贮存黄金。如果印度金本位储备中的白银卢比仓促之间被释放出来，货币当局就有了相应增加伦敦英镑储备的自由；然而，如果它们是从通货储备中被释放出来的，那么，伦敦的相应转让必须全部使用金币——这有时候可能会是非常不便的一种做法。

§31. 如果货币当局希望自己能够在通货储备的持有方式上有更大的回旋余地，那么，金本位储备中现在贮存的白银向通货储备的转让，以及替代白银的相应黄金转让，可以只做簿记处理；但这样的安排更符合逻辑，也更容易理解。

§32. 因此，我认为，采纳诸如以下这些有关储备的一般性方案，可能会有相当大的好处：

(1) 以**任何形式**——黄金、证券、汇票、债券或卢比——持有金本位储备均属合法，年景好的时候，比如持有1 100万英镑的英镑证券，余下的在伦敦或印度存放黄金，但最好是在伦敦，应该是很正常的。

(2) 花比目前更大的力气，把更多的通货储备用于投资（比如，英

173 镑证券外加卢比证券要达到 750 万英镑,而非现在的 250 万英镑),并且按照规定数额,在印度或伦敦最大限度地持有(譬如三分之一的)汇票或短期通知贷款。

在对法律做出必要的改变之后,所有这些均可通过会计簿记的变化而达成;1912 年 12 月,会计账簿情况如下(与原书第 131 页给出的实际情况进行比较):

表 9

黄金——		
	伦敦的金本位储备	7 500 000 英镑
	印度的金本位储备	2 500 000 英镑
	印度的通货储备	15 000 000 英镑
	小结	25 000 000 英镑
短期通知货币——		
	伦敦的通货储备	1 000 000 英镑
	伦敦的现金余额	7 500 000 英镑
	小结	8 500 000 英镑
英镑证券——		
	通货储备	7 500 000 英镑
	金本位储备	11 000 000 英镑
	小结	18 500 000 英镑
卢比——		
	通货储备	13 750 000 英镑

§33. 在簿记变化中可能要加上这些实质性的变化,而这些实质性的变化也是由簿记变化自然而起的。首先,有一个问题,即这些储备中的黄金部分应该存放于印度还是伦敦。读过第四章的读者知道,我的看法是,把黄金存放于印度没有什么好处,因为这样的政策会引起直接的货

174 币损失,也就是最初把黄金送到印度的成本以及在后来需要支持汇率时,把黄金再送回伦敦的成本。但是,印度的舆情对于把印度黄金储备之极大部分放到伦敦持怀疑态度,虽然并无充分的理由,但接下来的一段时间,他们可能还会继续抱持着这种看法。把黄金存放在印度所耗费

的支出并不甚大,这一点是与我们讨论的主题相关的;虽然理由并不充分,但为求避免怀疑之下引发通货体制崩溃,这种做法或许很值得一试。因此,如果像正常的做法那样(但不是作为法律要求的做法),以"专用黄金"的形式把金本位储备中的黄金存放在英格兰银行,而通货储备中的黄金仍然留在印度,可能会是一种令人满意的折中方案。也许还可以再加上一句,事实上,货币当局似乎正在朝着这个方向前进;这是因为,据了解,他们的意图就是打算让金本位储备的"专用"黄金账户的数额累积到500万英镑。

不过,如果大部分黄金存放在印度,那么,最重要的是,一旦危机来临,政府应把黄金运到伦敦,并按照黄金汇率出售伦敦英镑汇票,或者,如果在印度放出黄金,那就只允许银行接收黄金,并担负起黄金出口的任务来。否则,如果在印度黄金可以随意获取,则部分黄金就可能会消失不见,也可能会被浪费在贮藏里(就我们所关心的汇率而言)。

§34. 关于把印度的黄金存放于伦敦而造成的怀疑,是极端自然的,只有对通货体制和汇兑机制有更加充分的认识,而不是大而化之的了解之后,这些怀疑才能被完全消除。我们很自然会认为,把这笔黄金放在伦敦,要比把它放在印度,更容易受伦敦货币市场的支配,而且,印度事务大臣出于腐败或私利驱使,很容易就能把这笔黄金置于伦敦金融家的处置之下。除了印度事务大臣实际上受到这类压力到什么程度这一问题之外,人们还怀疑,印度事务大臣是不是本来就乐于受到这种压力的影响,因为我相信,在银根收缩之际,伦敦市场很容易便可通过全然合法之途径,控制部分印度黄金,无论这笔黄金当时是存放在印度还是存放在伦敦。正常情况下,印度是欠伦敦的钱的;这笔债务部分用托管货物清偿,部分采取短期借款展期的方法清偿,或者由伦敦市场给印度市场凭汇票或通过汇兑银行安排贷款,余下的部分则采用新的长期贷款清偿。如果伦敦市场出现较大银根紧缩,而且伦敦急需资金,那么,后面

176 两种方法的使用就会大受限制,致使印度在实践中被迫用自己拥有的黄金进行支付。事实上,恰恰是因为印度打算承受这种压力,所以,持有大笔黄金储备非常必要。因此,只要为支持汇率而需要用到的黄金在印度或伦敦均能随时取得,那么,即便伦敦货币市场真的需要黄金,它似乎也不大可能从伦敦货币市场扣住不给。如果黄金在伦敦,通过在加尔各答出售英镑电汇的办法,印度也将能够便宜而且毫无拖延地履行职责;如果黄金在加尔各答,一定还会带来增加的费用和时间上的损失。

一国嫉妒之情,在于生恐其他国家拥有对自己黄金储备的留置权,但这种态度基本上与持有黄金储备的整个目的和意义相对立。黄金储备是打算用于困难时刻的,意在履行政府的那些迫切职责。对于一个银行里有大笔存款余额却又欠钱不还的人,签一张支票就能取得他人的好感,却由于嫉妒之情而拒绝这么做,真是荒唐已极。白芝浩先生在消解英国金融家头脑中的原始偏见方面,厥功甚伟。这是因为,令人惊叹的是,很少有其他国家知道,虽然持有黄金储备只是为了炫耀的时候,无疑它们还有其他用途,而如果持有黄金储备也是为了使用,那么,其存
177 在就还有其他更好的用途。

重商主义原罪之朦胧躁动,一直深植于世人心中,迫使世人认为黄金超越群伦,凌驾于一切基本财富之上;伦敦货币市场上有权有势的财阀的妒忌之情,使他们为了自己的目的获得了本应属于印度市场的黄金;印度事务大臣的妒忌之情,就像一个投资海外的人,使他似要用这种办法寻求印度在危急时刻下的独立自主;英国的妒忌之情,使他利用或把印度的"专用"黄金视为自己的战争经费;所有这些妒忌结合在一起,就形成了一股极为棘手、强大而又自然且深隐未现的偏见。没有比读到抨击万恶的金融家企图剥夺印度在世界新出现的黄金中"应得份额"的檄文更平常的事情了。我推测,印度必然打算牢牢抓住自己那无果的偏爱。虽然众所周知的事实是,英格兰银行持有的黄金少于任何其

他一流强国中央银行的黄金——乃至于大大少于阿根廷银行的黄金,但人们仍然相信,评判一国金融实力的标准是其国内持有的黄金量,而非它在任何时候可以偿付国际款项的实时性和确定性的程度。

§35. 他什么样的实质变化可能会有用呢? 正如我们在第三章所简要描述的那样,最为重要的是,我们可以动用提到过的权利,用储备中的汇票和其他特许证券垫款。

1912 年推行的在伦敦持有大笔现金余额并同时在伦敦货币市场向外贷款的政策,在印度和伦敦均招致诸多批评。我认为,这些批评的内在理路似乎全然合理。如果印度政府在伦敦存放的钱多于建立一个稳定的金融体系之所需,即便多上一个便士,他们也一定会把印度非常需要的资金给转走,对印度自己的贸易造成损害。不过,我不认为当局事实上应该承受到目前为止任何这类严厉批评。在伦敦持有这样大笔的余额非长久之策,之所以如此,乃是因为 1912 年无法轻易预测的整体经济环境所致。进一步来说,直到晚近,政府一直没有持有比稳定通货体制所需数额更多的英镑财源。虽然如此,公众的情绪在未来将会导向正确的政策所指明的方向。如果我认为的在当前条件下大约 4 000 万英镑的英镑储备已经足够充分正确无误的话,那么,政府手中更多的积累就应该放由印度货币市场处理,而不应兑换成英镑。目前,我们还不具备这样做的机制;我们也缺乏恰当的制度安排,导致印度金融体系出现了严重的缺口。如果不能根据国内汇票贴现来扩大纸币发行,而只能按照百分之百相对应的现金存款发行纸币,那么,法国或德国或任何其他欧洲国家又将如何看待它呢? 而这就是印度的情况。政府(撇开其在管区银行的存款不谈,这笔钱我们后文讨论之)要么默许自己手上积累的资金完全在印度闲置,要么把它转移到伦敦赚取较低的利息,再也没有其他选择可言。

如果现钞的使用持续增长,而且如果 4 000 万英镑对于英镑储备已然足够，那么，印度纸币通货储备基金很快就会有相当大的一笔款项可用。此外，金本位储备的每次增加，某种程度上都会降低纸币储备中存放大笔英镑的需要。如果纸币储备中的多余资金不是给印度商人提供永久性或准永久性贷款，而是为季节性通货供给提供**灵活性**，并在不增加伦敦货币的情况下于旺季**临时**需要货币之时，使购买力的增加有其可能，那么，我们即可能会取得非常大的好处。通货的**永久性**增加在未来必然可以取得它在今天所达成的局面。但因季节需求所带来的**临时性**增加，则应该由印度自身合适的信贷货币组织来提供。

因此，通货储备之垫款必须按照较高的利率给出，而且期限不能超过三个月；他们应该这样安排，让政府可以收回资金的所有权，在每个淡季，贷款也可以减少到零。这样一来，政府就可以在每个旺季开始之时，持有完整无缺的资金；直到确信这一季节顺利结束之前，这笔资金都不会外借，显然，一般的情况也证明了这种做法是正确的。垫款到底是以纸币还是卢比给出，可以根据需要来定。因此，这笔顺境时的贷款与本书（原书）第 160—163 页讨论的逆境时的贷款迥然不同，逆境时的贷款用的是英镑汇票，对它的考虑是全然不同的。

§36. 下面我们来讨论政府现金余额问题。[1] 我先从管理存在在印度的那部分现金余额账户的方法谈起。了解这种方法以何种途径而得以发展，会有利于我们后文的讨论。[2]

1862 年，当管区银行的发行钞票的权力被收走时，作为部分补偿，政府允许银行使用全部政府现金余额，如若不用，则这笔钱本来也要收入金库或存入分行。这笔钱的总额超出了我们之前所定的数量（孟加拉银行就有 700 万卢比），如果不打算以现金形式持有，这笔钱就应投资于

---

1 这是本章 §4 中的所述内容的继续。
2 参看布伦亚特，前引书第七章，下文绝大部分内容均由此书概括而来。

政府有价证券和其他货币当局证券。问题很快就出现了（1863年），政府每次要求使用自己的资金，孟加拉银行就只能亏很大的本儿出售自己替政府投资的证券。这种实质上迫使银行把政府资金锁死在证券上，任何时候都不让轻易卖出的通货体制，显然大有问题，1866年，政府又出台了一个新的安排，据此银行获准可以使用全部现金余额，并可暂时安排这笔资金用于银行自己的目的。这一安排似乎令人满意地运行到1874年。这一年，孟加拉发生饥馑，政府不得不在缅甸购买稻米，然后运往孟加拉救济饥民。买稻米要付现金；但当政府通知孟买银行要提取300万卢比（30万英镑）时，政府在孟买银行的余额大约为1 000万卢比（100万英镑），但银行不愿意让政府把这笔钱拿走。总督［诺思布鲁克勋爵（Lord Northbrook）］在通信中提到了这一点，印度事务大臣［索尔兹伯里勋爵（Lord Salisbury）］建议，政府不应顾忌其对银行所做的承诺，非要遵守把全部现金余额交给银行支配的诺言，政府应该把这笔余额留在自己的金库里，或者"在利息和安全性都适当的条件下，把这笔钱给短期贷出去"。这个建议很有意思，与最近那些一直在考虑却未付诸行动的动议颇为相近，而印度当局则认为此法并不宜行，他们认为这个建议使政府看起来好像要与银行展开竞争。但到了1876年，储备金库制度建立，政府承诺，在一般情况下，在银行只存放数量固定的最小数额的资金，剩下的那些大笔资金则转入他们自己的储备金库。1878年，人们发现，要直接从银行转走新增贷款的全部收益极为不便，他们告诉货币总监理官，"他有权在一定程度上于适当的时机向银行提供出自储备的临时垫款，只要银行愿意按照现行利率为这笔贷款支付利息即可。"银行方面对这笔借给他们的钱拿不出具体的保护措施。有一段时间，贷款可以自由地以这种方式放出来。1889年，政府宣布，"任何借助财政储备来缓解货币市场紧张局面的方式，只能（1）通过银行，（2）按照已经公布的贴现率，（3）用于缓解临时性的银根紧张"。然而，到了1892年，贷款的发放一如既往。从 1892 年到 1899 年，贷款就很少发放了。1899 年，印度事务大臣写给印度当局："我不反对你们用政府有价证券做抵押，按照不时变动的利率，在你们认为最佳的时机下，放贷给管区银行。我倾向于认为，放款利率依常例，不应低于银行利率。"在 1899 年到 1906 年之间，这类放款一共发生过四五次；但自 1906 年起，就一次也没再发生过。不过，准许银行保有的没有利息的余额，常规情况下是不会超过法定最低数额的。[1]

所以，印度现金余额的正确利用问题可谓由来已久，这是一个政府对此缺乏一贯政策的问题。不过，最近的政策实施总体上就是不让银行使用这笔资金。一方面，在与银行保持常规水平的余额之外，政府也不大愿意贷款给银行；另一方面，现金余额的总水平却越来越高。

184　　随着政府的做法变得越来越严格，我认为，可以肯定，对这笔资金的需求也就越来越少。我们已经看到，政府最初是在管区银行存钱，由于政府的存款在银行总资产中占有很高比例，陡然将这些存款的大部分发送出来殊非易事，所以困难也就出现了。即便政府在银行存入更多资金，情况亦不会稍改。1870 年，[2] 公共存款达 360 万英镑，离私人总存款额不是甚远，而且超过了银行资本金和储备金的 50%；1880 年，公共存款为 190 万英镑，约为私人存款的三分之一；1890 年，这个数字是 240 万英镑，相当于私人存款的四分之一；1900 年为 190 万英镑，比私人存款的四分之一略低；1912 年，政府存款为 250 万英镑，不超过私人存款的十分之一。此外，自 1870 年以来，银行的资本金和储备金也已经翻倍。

1　所有这些都涉及总行的现金余额。"政府在分行的存款并没有受到限制。但在分行的存款绝对是见票即付，在实际做法中，资金调动也有着绝对自由。"——布伦亚特，前引书，第 98 页。

2　参看（原书）第 204 页所给的表格。

§37. 上述安排之下，交由三大管区银行存放的现金余额部分，每个星期都不一样。一般而言，存入银行总部的数量大约在 100 万英镑左右。除此之外，存放在分行的数额还要大一些，在 150 万英镑上下波动。存放在总行和分行的存款有着不同的条件（参看本书 184 页的脚注），存在总行的存款占大头，是切切实实的见票即付存款，存放在不同分行的数额则变化很大。存放在银行的资金总额，总行和分行加在一起，通常大约有 200 万英镑，近年来的峰值曾达约 300 万英镑。对于这些存款，与英格兰银行和英国政府存款的情况一样，银行不支付利息。政府余额中余下的那部分，则以现金（卢比、现钞或沙弗林）的形式存放于政府的各级金库里。这就是当前的情况。如我们前文已经看到的那样，在特殊情况下，政府也可以随时把额外的资金存入收取利息的管区银行。但近年来这些权力未见使用过。

§38. 于§36 节末尾所提到的事实，我的观点是，储备金库体制需要重新考虑，目前利用货币市场提取了太多资金放入了各级财政部门。

但对§35 的说法之批评，遵循的乃是一条错误的路径，即认为在目前对现金余额的使用上存在太多错处，而对印度货币市场季节性银根紧缩所采用的主要补救措施，就是在印度旺季把这些现金余额贷放出去。由于认为所有切实的补救措施均基于这笔资金的贷出而取得，所以，他们对单独年份中转瞬即逝的条件给予了过多的关注。出于下文给出的这些理由，我相信，印度货币市场不能指望从现金余额中得到许多帮助，在未来，他们倒更加希望从日渐增长的纸币储备中取得帮助。

只有在一到两种条件下，利用现金余额做贷款才是重要的：首先，如果是在秋季和冬季的那些月份，政府金库的税收收益日渐积累，以致现金余额在旺季高出了他们常规的水平；第二，如果政府习惯性地准备推行保有比自己实际所需要多得多的现金余额的愚蠢政策。这些条件中的第一个不可能达到具有任何重要意义的程度。土地税自然要在庄稼收获并出售之后收上来，而不是在出售期间收取；而每年年末，现金余额是很小的。近年来，每年8月1日和1月1日的印度现金余额总额如下表所示：

表 10　　　　　　　　　　　　　　　　　　　　单位：10 万卢比

	8月1日		1月1日	
	储备金库	印度现金余额总额	储备金库	印度现金余额总额
1906—1907 年	526	1 718	160	1 046
1907—1908 年	518	1 714	320	1 184
1908—1909 年	741	1 954	76	933
1909—1910 年	222	1 361	174	1 016
1910—1911 年	949	2 143	282	1 318
1911—1912 年	962	2 266	321	1 518
1912—1913 年	1 096	2 458	1 062	2 199

这个表格中的总额包括全印度数不清的地区金库，实际在使用的余额和已经存放在管区银行的资金总额。因此，当我们在考虑政府在旺季能有多少资金出借时，我们主要应该关注1月1日储备金库中的金额。上述表格中的数字确凿地表明，一般来说，在一年中最需要资金的时候，印度货币市场根本无法从储备资金那里得到什么实质性的帮助。1913年是例外，[1]最近这些年，储备金库在1月1日的财力一直处在100万英镑和200万英镑之间。

1月1日之后，税收在快速增长倒是千真万确。[2]但事实上，从1月到4月积累的收益金，与现在的情况一样，通过与政府票据的兑现，还会很快释放出去并回到货币市场上来。这些政府票据通常就是在这一年的1月到4月间大量出售。如果这笔钱打算通过贷款而非采用与政府票据

1　1913年的例外情况我们在第八章讨论。

2　参看1911—1912年货币监理官报告："一般来说，现金余额在7月达到最高水平。自7月以后，一直到12月，税收相对较小，现金余额稳步下降，到11月或12月达到最低水平。12月之后，税收收入会大大超过支出需求。"

兑现的方式释放出去,所造成的结果是,只会有很少的资金汇兑到伦敦去;而除非我们假设汇兑到伦敦的资金比实际所需的资金为多,否则的话,这种情况会给印度事务大臣在支付国内费用上带来不便。因此,许多年来,只有在财政年度开始之前就有充足的资金汇兑到伦敦的情况下,印度金库的盈余资金才能应对各种情况,甚而在下半年的旺季之时,也能应付裕如。

我不是说政府不应该借出印度的现金余额,只要旺季到来,现金余额水平高得超过必要界限,政府就可以把现金余额贷放出去。但这笔可以以这种方式贷放出去的余额,一般来说并没有什么重要意义,而金融制度通过这类放贷所能取得的灵活程度,较之这一制度,从纸币储备改革中所能取得的灵活程度为小。因此,我偏向于认为,印度的现金余额应该尽可能留存纸币,这样也可以增强货币储备的功能,而所有贷款均可通过货币储备来完成。使用现金余额资金的问题,也就由此转变成了使用纸币储备资金的问题。但如果意欲实行不同的会计簿记制度,那么,我们所揭出的这些问题并不会出现什么实质性变化。从通货储备中放贷之法,稍做修改,即可用于现金余额的放贷。

§39. 英格兰银行只有一个往来账户用来存放伦敦的现金余额。对余下部分的处理方式,可在 1913 年印度事务部发布的一份官方备忘录 [Cd. 6619] 中找到最好的描述:

> 自 1838 年以来,所遵循的做法是,在(英格兰)银行存放一定数量的现金余额,其他部分则放贷取利。一般的做法是借给银行、贴现公司以及级别较高的股票经纪人等,它们的名字均包含在一张特许清单上,目前这张清单上有 62 家单位的名字。这张清单定期修订,申请加入者须受到资质、财力以及业务性质等方面的详细审核。贷款给这张清单上的借款人,一般来说为期三到五周,偶尔也

有六周的，如此一来，一旦有需要，则全部现金余额即可在六周内归还。总会计师向印度事务大臣的经纪人通报每日可能展期的贷款数量、可能发放的新贷款量，或者必须收回的数量。经纪人负责取得最高的利息。在保证金存入银行之前，印度事务大臣在英格兰银行账户中的存款是不会向外发放的。1909 年，我们发现，这张清单上的借款者无法承受可用于放贷的全部资金；为了使资金获得充分利用，作为一项临时性措施，经纪人被告知，可以把多余的资金暂时存放在伦敦的主要银行，通常为期一到三个月。

§40. 1912 年秋，新闻界发起了一场决定性的攻击，下院对前述英国现金余额管理以及数额问题提出质询。许多质询别有用心，要在表达其他反对意见，而非获取信息。但这些攻击和质询无疑也使货币当局向公众公布远较以前所得更加翔实的细节。从我刚才引述的官方备忘录 [Cd. 6619] 里，我们可以发现一些非常有价值的内容。[1] 随着对整个事情做了充分的调查，我认为，货币当局容易在细节上招致批评——即除了那些宽容的政策质询之外的批评。当他们能够很好地履行清偿合约之时，他们对印度票据做了展期处理（直到 1912 年 12 月才最终完成清偿）。如果 1912 年到 1913 年的年成不佳，或者如果他们的预期在任何其他方面落了空，印度参事会就会重新发行票据。在外界批评者眼里，他们的这种行为乃是一种考虑欠妥的谨慎之举。另外一个问题微不足道，但可能也反映了我们的经济机体而非印度事务部的奇异之处。人们稍感震惊的地方是，政府经纪人竟然不是一个全职官员，除了其官方职责之外，他还有一份自己的独立业务，而他的工资却是政府官员中除总督之

---

[1] 也可以参看因卡普勋爵（Lord Inchcape）在 1912 年 11 月 12 日写给《泰晤士报》的信。实际上，我这里避开了对印度政府财政体制非常重要之一面的细节上的讨论。

外最高的。[1]哪怕按照当前伦敦金融城的标准,他的工资可能还是太高了。不过,这也再次提出了那个老问题:给金融城的人提供那么高的工资,以致高到了与从事其他社会服务的公务员的收入全然不成比例的地步,有没有这个必要? 后者的服务在价值上不比前者低,工作的难度也不比前者低。

§41. 我们对本章的结论加以总结。既然所采用的交易媒介一般是由面值更加低廉的材料构成,那么,所有国家均必须持有一个货币储备。一个国家要是有国家银行,货币储备之责通常就会交由它来打理。而一个国家若自己管理通货和纸币发行,没有银行插手,则这个国家自己就必须承担起其职责来。储备之适当规模,必然取决于每个国家具体的条件。在印度,这一储备之大,必然是非比寻常,原因在于:第一,印度是个大国,天气条件使该国经济和贸易尤其容易出现大幅波动,而天气条件很难预计。第二,该国利用了大量外资,不仅有长期投资,还有提前通知提款的短期投资,此外,印度持有的这些外国债务并没有数量可观的国际股票证券可以与之兑换。我曾认为,眼下4 000万英镑可能是政府可以持有的一笔数量适宜的英镑储备。这些储备如果存放在伦敦,那是最有用不过,无论任何时候,只要有利用这笔钱的需要,即可拿来使用。有鉴于公共舆论不会清楚地知晓这笔储备的用途,或者说,有鉴于印度事务大臣在管理这笔英镑财源时必然要受到限制,所以,在印度国内存放一笔具有相当比例金币的储备,不失为一种消除空穴来风之猜疑

---

1 政府经纪人的收入无疑要扣除某些费用,具体如下:

1908年	2 642英镑
1909年	6 396英镑
1910年	12 728英镑
1911年	10 544英镑
1912年(截至12月14日)	7 958英镑

据1912年12月17日在下院回答质询时对工资数额的解释而得到的这些数据。

的折中办法。当上述这笔数量的储备得以坚实达成，主动避免把更多资金转入英镑账户或伦敦货币市场即可实现。

193 货币稳定性既已达成，或者近于达成，那么，总体而言，经济的稳定性也就达成了，虽然还是有些关于使用黄金的流行观点认为，货币处于危险之境。货币体制仍然需要灵活性。是故，我们应该建立一种机制，经由该机制，由于日渐增多地使用纸币而积累于政府之手的更多资金，可在印度季节性货币供应中用于提供所需要的灵活性。

要让印度公众认识到，使用黄金作为交换媒介乃是一种奢侈之举，这是因为，无端猜疑伦敦货币市场而贬低自己储备的效能，实是愚不可及；积极推动纸币的使用，对他们自己的贸易和他们自己的货币市场资源均大有其利；他们的金融体制因适应他们自己的具体环境，很快就会表现得越来越好。过去十二年的经历乃是过渡性的。货币当局已经——明智地——建立起了他们早该建立的储备。这个过程必然要从印度货币市场转出资金，此举自然会引起一定程度的反对。但精心培育之果实，

194 可能已然很快为我们所收获。

第七章 印度的银行业

§1.货币和政府财政的讨论转到银行业这个相近主题上去,我们就会在某些方面要面对外部批评者不那么容易自由获取的统计数据和其他信息这样的问题。所公布的数据不足以告诉我们更多我们想知道的内情,而有关印度银行业的文献则几乎找不到。因此,我必须冒着时常出现数据错误的风险,但希望若然因这些错误而招致批评,它同时还能为我们揭示真实的情况。

§2.印度的货币市场和银行体系由以下四个主要部分构成:

(i) 管区银行;(ii) 欧洲汇兑银行;(iii) 印度商业股份银行;(iv) 钱币兑换商,马尔瓦尔人[1],以及其他私人银行和货币放贷人。

其中,前两个构成了我们所名之的欧洲货币市场,余下的两个是马尔瓦尔人和帕西人领导下的印度货币市场或本国货币市场——即内地银行,譬如欧洲人管理和担任要职的印度商业股份制银行,如阿拉哈巴德银行以及西姆拉联合银行,这些银行可能也是具有中介人地位的银行。当地货币市场,处在欧洲商人办公的主城区以外,悉由印度人掌控,而主城区的大部分外贸则控制在欧洲商人手中。

§3.两个货币市场——本地货币市场和欧洲货币市场——到底有着

---

[1] 马尔瓦尔人和下文的帕西人都是印度的以崇尚贸易而闻名的民族。——译者注

多么紧密的关系，我并不清楚，也不知道二者之间的利率水平到底有多接近，也不了解资本是如何从一个市场迅速流向另外一个市场的。有关这方面的证据，曾被提交给了 1898 年的富勒委员会，但那已经是 15 年前的旧资料了。1899 年前的一段时间，曾经有一段紧缩时期，地方货币市场利率大大低于管区银行利率的情况比比皆是，两个市场之间的联系似乎存在一些问题。下面这段引文摘自孟买银行财务主管 J.H.斯莱先生（Mr. J.H. Sleigh）写于 1898 年的一封信（重印于富勒委员会报告的附录），极为有趣：

> 在上一个出口季节里，钱币兑换商所掌握的 60 天即期汇票没有达到 8%以上的贴现率……这是当时孟买和加尔各答当地市场的利率，而其时，汇兑银行吸收短期定期存款的利率定位在年利率 9%、10%，乃至 11%，管区银行为了尽可能满足贷款上的需求，把年利率定在了 12%和 13%。但这些事实并无甚奇特之处。在财政紧缩时期，同样的奇特之处却一再地自我显露出来；甚至就在当下这个时候（1898 年 11 月），银根无论如何都不算紧的情况下，当地货币市场利率与管区银行利率之间还是存在着一个大约 2%的差额。我曾发现，当官方利率升至异乎寻常之高时，地方市场利率并没有做出最大程度的反应，但在管区银行的利率可能升至 10%或 12%时，一般来说，地方市场利率总会止步于 7%或 8%。对此的解释也是很简单的。为几乎全印度的国内贸易提供融资的钱币兑换商，很少甚至从来都没有给欧洲票据提供贴现，也从来不买卖外国票据或英镑汇票。他们并不做政府有价证券或类似证券的抵押贷款，只是把自己的业务局限于地方汇票的贴现、对农民放贷以及黄金和白银的兑换。他们买卖地方汇票的对象大多是大大小小的贸易商，贴现率大概在每年 9%到 25%左右。但他们相互买卖的地方汇票，主要是由

钱币兑换商本人背书的贸易商汇票，正是这些地方汇票主导了地方市场的利率，一般情况下，地方市场贴现率由协商而定，在旺季之时，贴现率从5%到8%不等。利率较低时，他们也会大量贴现主要由管区银行背书的地方汇票，而且只要贴现率升至6%以上，他们就不再继续此项业务。他们有时也会大量投机政府有价证券，特别是在淡季，但很少或从不持有政府有价证券，或进行政府有价证券的抵押放贷。

我没有看到有证据支持上述引文中勾画的一般情况没有继续维持下去，但近年来管区银行利率未尝升至9%以上，上述引文中所描述的趋势发挥作用的时机极少出现。1898年之前的这段时期，印度货币市场普遍存在的这种情况，在很多方面都非常反常。我怀疑，这两个市场的利率可能比实际显现出来的差额还要更大些，所以如此，可以用容易使业务交易受到影响的不同条件和不同安全程度来加以解释。然而，显而易见的是，印度季节性和收获期这些核心因素引致的利率水平的上下波动，在两个市场上势必相同，地方货币市场最终必然要依靠欧洲货币市场才能取得额外的现钞供应。

§4. 由于我主要对印度银行体系有兴趣，所以就本书所论之主题而言，我将从银行体系对资金汇入汇出印度的影响之角度出发，主要对我所称的欧洲货币市场——管区银行和汇兑银行——进行考察。不过，了解这些事实的印度学者或可更加令人满意地阐明一个我必然只能带着疑虑和猜测去关注的问题。

§5. 孟加拉管区银行开设于1806年，于1809年取得东印度公司的特许执照。[1] 孟买的第一家银行[2]在类似的特许下于1840年成立，马德拉

---

1 可以参看J.B.布伦亚特先生的《管区银行报告》（1900年），接下来这些历史细节主要均取自该报告。布伦亚特先生的这份报告对研究银行业历史的学者具有极高价值。

2 孟买第一家银行于1868年进入破产清算程序，虽然最终其债务都被还清。同年孟买新开业了一家银行。

斯银行成立于 1843 年。这些银行在其他管区的成立，终结了孟加拉银行成为全印度独家银行的可能性。管区银行一开始具有半官方性质。孟加拉银行建立时，东印度公司贡献了五分之一的资本（随后比例变得越来越小），并任命了三位董事会成员。一直到反英暴动[1]之时，董事会秘书和司库均由签约文官（Covenanted Civilian）担任。

到 1862 年，这些银行拥有了发钞权；但这一权力受到了很大约束，要求银行的即期债务总额须限制在现金储备的某一倍数之内（一开始是三倍，后来是四倍），各类债务总额限制在银行资本总额之内（直到 1839 年），或者，银行发钞总额限定在一个固定的数量上（从 1839 年到 1862 年），管区银行的发钞行为不再具有重要意义。1862 年，发钞管理权由政府以第三章所描述的方式接手。同时，私人银行的发钞权也被最终废止。[2] 1876 年，政府不情愿地交出了他们在银行资本金中的股份，放弃了董事任命权。[3] 从那个时候开始，管区银行就不再具有官方性质，但因为它们都受银行特许条例（《1876 年管区银行法案》）的辖制，所以仍与其

---

[1] 即 1857—1859 年印度民族大起义，这是由印度封建王公领导、以士兵为主要力量的民族起义。这次起义终结了英国通过东印度公司管理印度的体制，使印度置于英国直接统治之下，所以常被视为印度的第一次独立战争。——译者注

[2] 到 1862 年，这类发钞在数量上几可忽略，但在早些时候，它们曾是很重要的。"印度第一家按照欧洲的方式经营的银行机构，可能是印度斯坦银行，这家银行由一间私人贸易公司于 1770 年左右开设于加尔各答。这家银行发行的纸币虽然未能得到政府认可，但却可以地方上流通。流通量偶尔可达 400 万或 500 万卢比，通常情况则是这一数量的一半。"据称，"多年以来，加尔各答所有公职人员都接受这种纸币，只有财政官员不在此列。"有两件事，一件发生在 1819 年，一件发生在 1829 年，经济恐慌的发生使银行拿出了 200 万卢比的现钞，迅速满足了要求。（布伦亚特，前引书，第 55 页）这家银行和其他银行均在 1829—1832 年的商业灾难中消失。"它们破产之后出现了联合银行，这是一家由加尔各答所有重要家族共同创建的股份制银行"（布伦亚特，前引书，第 59 页）。1834 年，孟加拉银行拒绝接收这一可怕对手发行的纸币。1848 年，联合银行消失。

[3] 这一定程度上也是孟买银行 1868 年破产的必然结果，政府发现，作为一家银行的股东，地位甚是尴尬，政府无法清楚界定对银行所负的责任。

他银行有所区别。

§6. 管区银行的商业性质从一开始就受到严格的限制。这些限制起始时可能是因为东印度公司董事会部分成员的妒忌心所致,他们希望通过这些限制以避免这些银行与东印度公司自己的业务(譬如外汇业务)相竞争;但主要原因还是希望在印度这样对银行业来说颇为危险的国度办一家半官方的银行结构,应该按照尽可能安全的原则来经营。[1]我们在布伦亚特先生的《管区银行报告》中,可以看到一段极为有趣的有关银行限制的历史。1862年,这些限制被大大放开,但1876年又重新施加了最重要的限制。[2]自彼时起,仅仅有过一些微小的改变。

§7. 如今对管区银行所实施的主要限制如下:

(i) 银行不得开出、贴现或买卖汇票,以及其他可转让证券,**除非这些汇票或证券是印度**[3]**或锡兰的应付款**;这一限制把管区银行从事英镑汇票或任何外汇交易的机会完全给切断了;(ii) 银行不得介入或接收印度境外的应付抵押存款,或者,为了这一目的或类似目的而保留一个国外分行或代理机构,这样他们就不得在伦敦筹集在印度使用的资金[4];(iii) 银行不得贷出期限超过六个月的长期贷款[5];(iv) 不得做按揭或任何形式的不动产担保;(v) 不得接收少于两人签名的期票;(vi) 不得接收个人担保;(vii) 亦不得接收货物担保,除非这些货物或其所有权作为担保质押给了银行。

---

1 印度银行机构以英国为学习之典范,深受英国影响,其途径可由以下事实得窥一斑:印度的管区银行章程中有若干条款是直接从1695年英格兰银行章程里抄来的。

2 此亦是孟买银行在1868年破产的一部分后果。

3 除了使用本金做具体用途的汇兑。

4 1877年,银行强烈要求放开这一条款。但印度事务大臣手握"在英格兰建立一家外国代理机构的特许权,如让他们进行贷款交易,允许银行把一大笔资本锁定在如此之遥远的地方,以致在印度出现危机之时也不能为印度救急。"这个说法现在似乎没有太大的用处。而这种担心会使他们避免把资金锁定在印度。

5 一直到1907年,最长期限是3个月。

这些条款中的第（v）条有一个漏洞，由于这个漏洞的存在，使得这些规则在实际操作过程中并没有纸面上那么严格。尽管任何两个人的签名即可满足管区银行法案的字面要求，但任何两个人的签名并不必然是良好的保证。在拿到满足该法案要求的两个人签名后，银行管理当局即可从技术上采取某种安全方式，来满足为严禁他们放贷而制定的审慎银行条款的规定。这是推行40年之久的管区银行法案试图管控银行业而引起的后果之绝佳案例。我认为，正是最后一条法规，促使银行建立了一种保税仓库用来接收商品。在其他情况下，银行也可以采用权宜之计，付工钱请上一个看门人，把借款人自己的厂房或货栈用在这个方面。在这种情况下，借款人的个人担保显然就是货物，这一定会使他产生一种诱惑，对自己的货物甚是看重，而不是让银行陷入租房或看守大批商品的麻烦之中。

作为对这些限制的某种补偿，管区银行获准持有部分政府余额，而无须支付利息。1862年首次授予它们使用这些余额，作为剥夺它们发钞权的补偿。截至1876年，管区银行在一定的条件下持有**全部**政府余额，这笔余额"一般情况下存放于银行设立总行和分行的城市之政府金库里"。但当政府希望提取大笔资金时，银行不止一次制造困难。因此，在1876年，政府金库建立了起来，自彼时起，只有部分现金余额被存放在这些银行手里。[1]

§8. 因此，透过管区银行漫长而复杂的历史，我们可以对其当前的章程进行解释。毋庸置疑，这些限制性条款过去对银行运作的稳定性做出了贡献。孟加拉银行曾看到了无数强有力的对手的兴起与衰落。只是由于法律绝对阻止了更多的投机行为，所以这家银行历经六次或以上的严重危机还能幸存下来，而过去百年间，印度的金融系统饱受这些危机

---

[1] 参看本书第六章，§36—38。

之苦。虽然有着这些限制，但管区银行还是显现出了巨大的活力，以及不亚于过去10年顺畅环境下汇兑银行的扩张能力。但目前他们的章程完全过时了。最初引起他们思考的问题，如今已经时过境迁；例如，由于引入了金本位，所以具有高度投机性的外汇交易业务结束了。在印度金融体制里，这些银行不再如先前的历史条件下所担当的角色那样发挥有用的作用。

§9. 三家管区银行的主要统计资料如下[1]：

表1

12月31日	资本金、储备及其他	公共存款	私人存款	现金
1870	£2 412 000	£3 620 000	£4 264 000	£6 646 000
1880	2 702 000	1 941 000	5 662 000	4 943 000
1890	2 984 000	2 395 000	9 842 000[2]	8 645 000[3]
1895	3 267 000	2 218 000	8 747 000	5 131 000
1900	3 731 000	1 870 000	8 588 000	3 363 000
1905	4 156 000	2 078 000	14 842 000	5 487 000
1906	4 266 000	2 052 000	18 301 000	7 300 000
1907	4 366 000	2 239 000	18 742 000	6 350 000
1908	4 461 000	2 172 000	19 077 000	6 925 000
1909	4 521 000	2 132 000	21 767 000	7 770 000
1910	4 607 000	2 824 000	21 563 000	7 567 000
1911[4]	4 650 000	2 640 000	23 250 000	9 430 000
1912[5]	4 900 000	2 530 000	24 000 000	8 070 000

我们并不需要对这些数字过多评论。自1900年以来，私人存款的增长颇为令人瞩目（从1900年的850万英镑到1905年的1 500万英镑，再到1912年的2 400万英镑）。与之相伴的是，有关资本金和储备以及现金

---

1 按照1先令4便士的统一汇率把卢比换成英镑。
2 由于货币超量，这一年有些反常。
3 同上。
4 1911年和1912年这两年的数字未采用相同的统计结果，也未严格地在细节上彼此进行比较。
5 同上。

的增长。管区银行每周都公布他们的业务报告,因此,他们不太可能在资产负债表上"弄虚作假"。上述给出的 12 月 31 日的数字表明,旺季的资金量会下降;而所持有的现金比例并没有给人留下抱怨的理由。不过,应该这样说,虽然总行的公共存款比较稳定,不大容易发生突然减少这样的情况,但分行的公共存款却不一样,而且主要是随到随取的存款。如此一来,银行势必要在相关分行持有大笔现金,这种安排使得为私人存款准备的现金一定程度上显示出比应有的意义更具启发意义。我们一定还记得,在一定程度上,管区银行是银行的银行,其他印度银行要与管区银行进行现金余额(包括私人存款)的结算。

§10. 管区银行法案中的两个条款已经证明它们在影响印度银行体系发展上所起的效果是很根本的,这两个条款一个是禁止管区银行从事外汇交易,一个是禁止管区银行从伦敦筹集资金。为了处理这两类业务——尽管银行建立之初并未限制他们从事这类交易——又出现了一类名为汇兑银行的银行。官方的说法是,如果一家银行的总部位于印度之外的任何其他地方,而且它所从事的业务与我们上文描述的大致相符,则该银行就是一家汇兑银行。印度正金银行(The Indian Specie Bank)是唯一一家在伦敦开设分行的印度股份制银行;但它所以在伦敦设立分行,可能与其白银和珠宝业务有关,该银行并未从事汇兑银行本应从事的那类业务。

§11. 汇兑银行分为两组——一组是在印度从事相关业务的大银行有限公司的代理机构,另一组包括巴黎国家贴现银行、横滨铸币银行、德华银行、国际银行公司、俄亚道胜银行。这些银行分别代表了印度、法国、日本、德国和俄国的利益。这些银行在印度的交易占印度全部业务的比例,目前尚无数据公布。但以横滨铸币银行为例,若说其在印度的业务量占 5% 到 10% 多一点,其他银行的印度业务量还要少于这个数字,我丝毫不感到惊讶。因此,在接下来的讨论里,我将略过这五家银行的情况不计。

第一组有六家银行——德里与伦敦银行（1844年），印度、澳大利亚与中国特许银行（1853年），印度国民银行（1863年），香港与上海汇丰银行（1864年），印度商业银行（1893年[1]）和东方银行（1910年）。这些银行名称后面括号中的日期是该银行的开办年份。其中那家特许银行和后面的汇丰银行，在东亚其他国家，尤其是中国，有许多业务；[2]但这并不妨碍它们与印度有重要的联系。其余四家银行主要在印度开展业务。[3]值得注意的是，1864年到1910年间新成立的汇兑银行如今均没有幸存下来。[4]从银行股东的观点看，上述银行中的大部分都取得了极大成功，尤其是过去10年。德里与伦敦银行，[5]是所有银行中成立最早的，但并没有显示出超过其他银行的活力或扩张力；东方银行，虽然成立之初经营不错，但毕竟时间不长，尚且难以判断。但从其他银行的股份来看，如果允许发行赠股，那么，股票溢价可达约200%或更高水平。然而，如今创办一家汇兑银行会非常困难，除非能够得到已经在印度根深蒂固的某些重要金融机构的庇护。[6]印度的汇兑银行未尝给善于投机或用于开拓的外部人士提供从事业务的机会，银行赚得的大量利润，受到树大根深、无法轻易撼动的优势力量的保护。

§12. 因此，这一概括使我们得出了一个重要结论：为印度贸易融资

---

1 这是印度有利银行成立的日期，其前身是印度伦敦中国三处汇理银行，成立日期更加久远。

2 特许银行尽管在名字里有澳大利亚，但从未在澳大利亚开展业务。

3 但并非只在印度开展业务。例如，国民银行在东非有自己的利益，东非海岸与印度有许多贸易往来，卢比在那里也广泛流通（请参看原书154页的卢比出口数据）。

4 新丽如银行成立于1885年（丽如银行于1884年倒闭），1893年清盘。

5 我想，这家银行与其他银行相比，也许更富印度股份制商业银行的特征，而较少汇兑银行的特征。

6 东方银行是在E. D. 萨松先生（Messrs. E. D. Sassoon）的资助下建立的，两家重要的法国银行和布朗-希普利公司为其董事会成员。

的业务，到目前为止均握于伦敦有其一席之地的银行手中，[1] 掌握在一小撮银行手里。一般来说，这些银行依靠大笔储备基金的支持，有着极强的金融地位。在这方面，印度如今正在享受着过去的灾难所带来的果实，享受着为生存而争取到的各种条件所带来的果实，生存条件非常苛刻，所以，只有最适者才能生存。如果当前的繁荣持续过长时间，那么，政府无疑会失掉这一繁荣。

§13. 我不打算全面彻底地对典型的汇兑银行的活动进行描述。他们的很多业务都与任何其他银行的业务非常相像。不过，对其最富特色的交易详加描述，对与本书主题最相关的部分进行研究，将会非常值得。

§14. 除资本金及从利润中积累的储备之外，汇兑银行还可以通过吸纳定期存款或活期存款来取得资金。这些存款可以从印度和伦敦两地招揽；但汇兑银行的主要目标是尽可能在伦敦招揽更多的资金，他们依靠提供比英国银行所能提供的更加优惠的条件，在伦敦吸引存款。对于1年及以上的固定存款，他们支付4%或3.5%的利率；对于1年以下的存款，支付更加多变的利率；对于活期存款，其2%的利率水平将取决于每个月的最低余额，或取决于超过某一固定最低数值的余额。除去现金、通知存款和投资这些每间银行都必须持有的资产之外，还有一笔既定数额的资金可用于在印度或其他地方放贷。但这笔放贷资金大部分用于购买（或贴现）汇票。这些汇票中有一些在伦敦议付，在印度开票，但其中的大部分是在印度议付，在伦敦开票。一家生意兴隆的汇兑银行将能贴现比自己所能持有的多得多的到期贸易汇票。但在伦敦开具的汇票，同样可以毫无困难地在伦敦再贴现。由于绝大多数汇票，无论到期汇票还是再贴现汇票，均由**印度**的银行购买，但收钱则是在**伦敦**，所以，银行

---

[1] 当然，大多数拥有着半银行特点的业务就会由金融商贸公司来经营，其中有的是重要的大公司，在印度和伦敦都有机构。但他们是私人企业，不会公布我们可能会打算考察的那些业务信息。

一直处于这样的状态上：自己的资金在伦敦，却希望在印度用钱（用以购买更多汇票）。因此，他们在伦敦买入政府票据（或汇票）或沙弗林（从英格兰银行购入，或从埃及银行或澳大利亚银行的代理商处购入），在印度交割，或者，可能会购入白银（虽然他们从事白银交易的重要意义大大低于购入前者的意义）[1]，然后汇兑到印度，目的在于做平伦敦和印度之间的往来账目。关于是什么决定了这些办法的相对优劣这一问题，我们在第五章曾予以讨论过。

因此，对政府票据的需求，即主要取决于汇兑银行在印度开办了多少新业务。电汇之法使他们可以迅速从印度代理机构那里拿到通知。印度的分支机构一取得资金，就能立即进行商业汇票的交易，根据在他们看来足以令其满意的价格出价，这就让这笔生意非常值得一做。几周以后，汇票到达英国并按期承兑，如果银行需要额外的自由资金购买更多的政府票据，并打算把它们的钱倒手再去做同类的另外一笔交易，那么，银行也可以把票据再贴现。

现在，我们理解了印度事务大臣所说的，他为了满足贸易需要而出售票据这番话的含义。如果他取消了便利的电汇，或者迫使银行通过运送沙弗林的方式把自己的资金用于印度，那么，他就会使政府票据在印度的贴现延期，或增加额外的费用。换言之，印度贸易商把自己出口的货物转变为货币就不大容易了。另一方面，如果恰逢印度光景不佳，出口下降，那么，票据的贴现价格就会下降，伦敦汇兑银行购买政府票据的需求就会相应减少。

值得注意的是，从整个伦敦货币市场的角度来看，无论是汇兑银行采用在伦敦吸收存款为印度的贸易融资，并自己持有票据，还是贴现

210

---

1 在伦敦购入政府卢比有价证券，然后再在印度售出，这是偶尔用用的另外一种办法。

公司和伦敦的银行吸收存款并用这笔钱为汇兑银行再贴现票据,其传导机制的差别并不大。就汇兑银行可以自己吸收存款,而无须为它们支付太高的利息而言,这种替代办法通常对他们更加有利可图,——尤其是如果他们能够用这种方式持有大批他们贴现的票据,然后在他们再贴现这些票据之前在手里适当放一段时间,由于最终是要卖掉这些票据的,这样做会更加有利可图。但是,抛开这些不公开的利润不谈,印度的贸易依靠在伦敦借钱购买政府票据融通资金的程度才是最重要的,这笔钱是由汇兑银行的储户提供,而非由再贴现票据的人提供。

§15. 乍一看,印度金融制度的稳定性存在着某种危险,原因在于以下的事实:印度的货币市场很大程度上依靠遥远异域的金融中心通过市场资金融通短期资金而非长期资金。[1]为了准确判断这一危险到底是不是真正的危险,我们有必要拿到一般情况不予公布的某些事实数据。我们不知道汇兑银行的总存款中有多大比例存放在英格兰;或者说,我们不知道这些存款中有多少是一年期或一年以上的固定存款,多少是见票即付存款或短期通知存款。当所讨论的银行制度是其他国家的银行制度时,情况通常都是这样,那些想知道的人们不能说,而能说的人们又不想知道。我会把我的那些有价值的猜测写在本章§18里。与此同时,如果我们了解情况,且让我们讨论一些指导我们的原则是什么。

若然银行打算在英格兰借入短期通知货币,并用之于印度——尤其是如果他们打算大规模这样去做的话——情况可能会非常危险,这一点是再明白不过的。他们可能会被呼吁返还他们在英格兰所借的钱,而不

---

[1] 当然,印度开票伦敦付款的票据数量以及未清账款数量不可能是对印度依靠海外资金融通程度的正确测度指标。票据可能会被用于为国外买家提供资金,其实就像为印度卖家提供资金一样。比如说,一位印度的棉花交易商可能会拿到买家——一位欧洲大陆纺纱业主支付给他的三月期银行汇票,这位买家可以在票据承兑的两周之内拿到棉花,因此,这实际上就为他的棉花厂提供了资金融通。

能够在接到通知后即拿回他们已在印度放贷出去的钱。因此，我们研究中所秉持的原则是，无论哪个国家借来的短期通知货币均不能超过本地的资产。不过，英国和印度之间的汇票却存在问题，至于哪一部分银行资金可以适当地被看作英国的本地资产，哪一部分银行资金可以适当地被看作印度的本地资产，并不是那么一目了然。我认为，答案在于，在英国承兑的汇票且在英国到期支付，就是英国的资产，最初在哪里议付倒无关紧要。这样一来，从印度汇兑银行的情况看，他们在伦敦的短期贷款、在伦敦的现金、在伦敦有指定支付场所的商业证券以及能迅速在伦敦出售的证券，至少应该与他们在伦敦的存款（不是长期定期存款）保持平衡。类似地，他们在印度的流动资产至少应该与他们在印度的短期负债相平衡。

§16. 这些条件到底有多么令人满意，如我们前文所述，我们根本不可能确切知道。汇兑银行不会在他们公开的账目中对印度和伦敦的存款进行区分。不过，他们还是把一些各个年份印度和其他地方各自的存款这种不公开的信息告诉了印度货币当局。所有汇兑银行的存款总额加总在一起，在《英属印度统计资料》第二部分予以公布，因此，公众可在相关时期之后的两到三年得到这些数据。[1]

就印度存款而言，这些报告数据非常有价值。但印度以外的存款总额则几乎没有什么用处。若然把两组汇兑银行——主要业务在印度的银行和业务遍布世界许多地区的欧洲代理银行——并在一起，则把巴黎国家贴现银行的全部法国存款和本书（原书）206页所列举的其他银行及其印度代理机构无论在哪个国家的存款都加总在一起。因此，这些数字几乎与印度特有的问题没有什么相关性可言；而对于从官方统计表中征引

---

[1] 例如1902年，1910年的数字要到1913年初才在英格兰公布，到那个时候公众才能得到。

印度汇兑银行的存款总额和与之相对的印度持有的现金余额数据，我感到非常满意。

表 2 汇兑银行　　　　　　　　　　　　　　　　单位：英镑

年 份	印度的存款	印度的现金余额
1890	5 000 000	2 300 000
1895	6 900 000	1 800 000
1900	7 000 000	1 600 000
1901	7 900 000	2 200 000
1902	9 100 000	2 300 000
1903	10 800 000	2 100 000
1904	10 900 000	3 300 000
1905	11 400 000	2 500 000
1906	12 100 000	3 400 000
1907	12 800 000	3 700 000
1908	13 000 000	2 500 000
1909	13 500 000	2 800 000
1910	16 200 000	2 900 000

§17. 从这张表中，我们可以明明白白地看到两个事实：汇兑银行近年来在印度的国内存款资金迅速增长，以及他们认为与印度现金余额增长相适应的缓慢增长。[1]这种情况新近显然大有改观。想到我们要在前一年（1912年）12月份才能知晓银行的情况，这已经过去了两年时间，真是令人着急。《英属印度统计》提供的帮助比历史学家好不到哪里去。

一旦印度发生了金融危机，汇兑银行可能会预期他们可以通过电汇从伦敦汇兑资金到印度。在这种情况下，他们唯有寄希望于印度和伦敦不会同时出现资金紧张的局面。印度储备——如其显示的情况——能够

---

[1] 一方面，这些现金余额比它们表面上看起来的还要差些，因为账面上还包括汇兑银行在管区银行中存放的现金余额。另一方面，汇兑银行经常有汇兑中的沙弗林或政府票据，他们可能认为这些汇兑中的沙弗林或票据与现金等同。

持有英国储备的（例如）18%到20%，数量已然非常可观。但在印度这样的国家，其银行制度基础不牢，且贮藏习惯不是已经成为如烟往事，而是赫然犹在眼前，其储备的比例或许比它应有的水平要低一些。汇兑银行的经营一帆风顺，已然超出他们的预期。印度银行史上那些著名的时日，一直在提醒人们，末日终将来临。

§18. 当我们转过去研究英国汇兑银行的资产和负债时，我们就会找到提出一个更加健全头寸的理由；这是因为，汇兑银行所持有的大部分汇票可能是在伦敦有指定的支付场所，因此被认为是伦敦的流动资产。[1] 下面这张表格给出了与存款有关的数字，但略去了香港与上海汇丰银行，因为虽然其印度事务很重要，但却只占该银行全部业务的少部分。我把我所分的第一组中所有其他的银行（参看原书207页）都包括在内，虽然把印度、澳大利亚与中国特许银行，以及印度国民银行的非印度业务也纳入在内可能不大准确。

表3　定期与活期存款　　　　　　　　　单位：百万英镑

	1900年	1905年	1906年	1907年	1908年	1909年	1910年	1911年	1912年
特许银行	$9\frac{1}{4}$	$11\frac{1}{2}$	$13\frac{1}{4}$	$12\frac{1}{4}$	$12\frac{1}{2}$	$13\frac{3}{4}$	$16\frac{1}{2}$	$16\frac{1}{4}$	18
国民银行	6	9	$9\frac{3}{4}$	$10\frac{1}{4}$	$10\frac{1}{4}$	$11\frac{3}{4}$	$12\frac{3}{4}$	13	14
商业银行	$1\frac{1}{2}$	$2\frac{3}{4}$	$3\frac{3}{4}$	$3\frac{1}{2}$	$3\frac{1}{2}$	$4\frac{1}{2}$	$5\frac{1}{4}$	$5\frac{1}{2}$	$5\frac{1}{2}$
德里与伦敦银行	$1\frac{1}{4}$	$1\frac{1}{4}$	$1\frac{1}{4}$	$1\frac{1}{4}$	$1\frac{1}{4}$	$1\frac{1}{2}$	$1\frac{1}{2}$	$1\frac{1}{2}$	$1\frac{1}{2}$
东方银行	…	…	…	…	…	…	$1\frac{1}{4}$	$1\frac{3}{4}$	2
总计	18	$24\frac{1}{2}$	28	$27\frac{1}{2}$	$27\frac{1}{2}$	$31\frac{1}{4}$	$36\frac{1}{4}$	38	41

---

[1] 毋庸置疑，汇票中有一定的比例乃是指伦敦银行分支机构提取的汇票。这些汇票不总可以在伦敦承兑而容易贴现，英格兰银行不大愿意接收这种汇票，因此收取了四分之一个百分点的额外贴现费用。但对于我们当前的目的来说，我认为，它们仍然可以被当作伦敦的流动资产。

到 1912 年年底，这五家银行握有现金总额约为 775 万英镑。我估计，在 1919 年，这些银行**在印度以外地区**的存款可能约有 2 300 万英镑，手握现金约为 500 万英镑。

关于这些存款中有多大的比例是长期存款，并无精确信息。只有特许银行和东方银行在其会计核算账户中对定期存款和活期存款进行了区分。1912 年，特许银行持有 1 050 万英镑的活期存款，750 万英镑的定期存款；东方银行有 50 万英镑的活期存款，150 万英镑的定期存款。[1] 整体而言，银行存款中超过半数是活期存款或短期通知存款。如果我们打算做一下猜测，那么，在 1910 年银行在印度以外地区的活期存款持有量约为 1 300 万英镑，但并非所有这些活期存款都存放在伦敦（特许银行和国民银行的情况尤其如此）。虽然银行在伦敦的资产总量问题并不适于借助统计摘要进行讨论，但我却不认为我们有任何理由认定这种局面不是一种强健的状况。

§19. 之前分析所依据的原则，可以由所假设的平衡表简单地加以阐明，但此表并不比那些公开发布的简单多少。

表 4 单位：百万英镑

(i)	资本金与储备金	1.5	(vii)	伦敦的存款和垫款	3
(ii)	伦敦的定期存款	3.5	(viii)	伦敦的贷款和垫款	3
(iii)	伦敦的活期存款	2.5	(ix)	印度出票伦敦承兑的汇票	6.5
(iv)	印度的定期存款	2	(x)	伦敦出票印度承兑的汇票	1.5
(v)	印度的活期存款	2.5	(xi)	伦敦的现金	1.5
(vi)	印度出票伦敦承兑并在伦敦能贴现的汇票	5.5	(xii)	印度的现金	0.5
			(viii)	证券	1
			(xiv)	包括白银在内的各项资产	0.5
		17.5			17.5

上面这张表格可能会公布如下：

---

1 我相信，东方银行为定期存款提供的条件要好于其他银行。

表 5　　　　　　　　　　　　　　　　　　　单位：百万英镑

资本金与储备金	1.5	贷款、垫款等	6
存款等	10.5	汇票	2.5
		现金等	2
		证券	1
		各类资产	0.5
	12		12

（再贴现票据和未偿还贷款，550 万英镑。）

表 4 中承兑汇票略去了，因为我们假设表 4 承兑汇票的金额可以在现金中扣除，此外，还有其他一些小的项目也略去了。"在印度使用的资本"当是（viii）+（x）+（xii）= 500 万英镑。"在伦敦使用的资本"是（vii）+（ix）−（vi）+（xi）= 550 万英镑。[1] "证券和各类资产"是（xiii）+（xiv）= 150 万英镑，这可能会被认为在印度或伦敦哪个中心都是一样的。如果在印度出现了挤提，那么，可在印度使用的流动性资产为（v）。如果在伦敦出现了挤提，那么，可在伦敦使用的流动性资产为（iii）。在这个假想的例子里，我们可以满足的是第二个条件而不是第一个条件。如果银行不得不把资金从印度汇兑回伦敦，那么，最简单的办法就是不在（ix）项计入新业务。（ix）项之下购入的商业票据，在伦敦再贴现或允许在伦敦到期支付，将会自动增加伦敦的可用资金，因此没有必要购买政府票据。如果在印度要求偿还贷款并减少（viii）有其可能，那么，在印度购买更多的计入（ix）项的商业票据（或者如果贸易不景气则购买政府的英镑汇票）也就有其可能，而且还不用在伦敦购买政府票据，这些商业票据也可在伦敦再贴现。如果汇兑银行正在把资金汇兑回伦敦，那么，这本身就说明对政府票据的需求疲软；相反，当他们正在把资金汇兑回印度时，则说明对政府票据的需求很强劲。因此，萧

---

[1] 在这里，容易引起混淆的一点是：（ix）是预先支付给印度商人的垫款数量；（x）是预先支付给英国商人的垫款数量。但（ix）必须计入英国资产，（x）当计入印度资产。（ix）期满后在英国付款，当然，银行已经通过在印度的购买取得了垫款。

条之时对政府票据的需求较弱（以及对政府英镑汇票的需求较强），部分地取决于汇兑银行的行为。他们的何种行为会造成与金融恐慌相类的银行剧烈紧缩局面，并不易预测。

§20. 到目前为止，银行头寸方面唯一明显的危险因素似乎在于印度现金储备相应增长时，没有出现印度现金储备相应的增长。如果汇兑银行被迫在他们的会计报表中对印度业务和印度之外的业务区分开来，除了"伦敦"和"印度之外"需要有替代项目之外，本书（原书）218 页所假想的会计平衡表也要以一定的模式予以展开。[1] 它们应该如两个已经区分的项目一样，在定期存款和通知账户或短期存款之间进行区别。正如汇兑银行的情况一样，当我们必须讨论一些银行的现有情况时，对应有的公开性之坚持，而不是政策问题上的强迫或管制，或许才是对任何可能存在的缺陷之正确的补救措施。

§21. 印度银行界的第二个组成部分由印度商业股份合作银行构成，即在印度本土注册并把总部设在印度且非三大管区银行的那些银行。这组银行情况较为混杂，因为大量小型货币放贷机构都根据印度公司法而注册为银行——在 1910—1911 年，有 492 年家企业被归类为银行。[2] 不过，官方统计则是按照一定的规模对银行进行归类的，也就是说，缴付资本金和储备金至少要达到 50 万卢比（33 000 英镑）。

这里描述的早期银行通常均以欧洲管理模式来管理。1870 年存在的 7 家银行，只有两家生存了下来——上印度银行（the Bank of Upper India, 1863）和阿拉哈巴德银行（Allahabad Bank, 1865）。[3] 1870 年到 1894 年

1　最有用的是以下三种分类——印度、伦敦和其他地方。但我并不清楚印度当局如何才能合理地实施这一点。

2　这些小型货币放贷机构中大多数（363 家）在马德拉斯注册。其中多数是互助会，我们很容易即可从官方统计中排除这些机构。

3　还有一家规模更小的银行，班加罗尔银行（Bangalore Bank, 1868 年）。

间，总体上与这些银行在类型上相同的七家银行，现在只剩四家——斯穆拉联合银行（Alliance Bank of Simla，1874 年）、欧德商业银行（Oudh Commercial Bank，1881 年）、旁遮普银行集团（Punjab Banking Company，1889 年）以及旁遮普国民银行（Punjab National Bank，1894 年）。[1] 所有这些银行比起管区银行和汇兑银行规模都很小，但它们与晚近创设的大多数银行在形式上有所区别。

1894 年到 1904 年间，[2] 没有哪一家新成立的银行缴存超过 50 万卢比的资本金的。但自 1904 年以来，新颖的银行经营活动突然大量涌现，一种对印度来说的新型银行变得重要起来。缅甸银行在 1904 年的建立，使这种新型银行开始出现。1911 年，这家银行倒闭，两名董事和总经理被判犯有欺诈罪，并于 1913 年入狱服刑。1906 年，又有三家银行成立，这三家银行都很重要——印度银行（Bank of India，由帕西人资助）、仰光银行（Bank of Rangoon）以及印度正金银行。直到 1910 年，这三家银行都是仅有的缴付资本金超过 150 万卢比（合 10 万英镑）的新成立银行。[3] 自 1906 年以来，许多银行开业，资本金缴付达到上述标准的最重要的银行有：孟加拉国民银行（Bengal National Bank，1907 年）、孟买招商银行（Bombay Merchants' Bank，1909 年）、印度信贷银行（Credit Bank of India，1909 年）、卡提亚卡与艾哈迈达巴德银行集团（Kathiawar and Ahmedabad Banking Corporation，1910 年）以及印度中央银行（Central Bank of India，1911 年）。

这些银行中的大部分，其主要目标当然是吸收存款（虽然其中有一

---

1 还有其他一些规模很小的银行，比如克什米尔银行（Kashmir Bank，1882 年）和普钠招商银行（Poona Mercantile Bank，1893 年）。

2 1901 年，印度人民银行（People's Bank of India）成立，但直到 1908 年它也没有达到 50 万卢比的下限。

3 印度银行的资本金缴付为 500 万卢比，储备金和其他资金 55 万卢比，印度正金银行的相应数字为 750 万卢比和 190 万卢比。仰光银行规模较小，经营得也不太好。

些以今天的眼光来看，其未发行股本起到了很大作用）。一年期的定期存款的利率一般来说从 4.5% 到 5% 不等，新建立的银行通常愿意支付更高的利率。有的银行给 6%。短期银行利率的情况则更不明朗。一般而言，活期存款利率为 2%，但是有些急于吸纳存款的最新成立的银行会给到 2.5% 这么高。我曾看到一家银行的广告，他们在每日结余的情况下还给出 3% 的利率，期限更长的整存整取利率为 6%，广告的标题用大写字母写道：资本 5 000 万卢比；但底下似乎写着请人认股，而且缴付资本金一项可能还给忽略了。有些银行还登出这样的广告："结婚专项存款，五年内本金增加 50%。"[1]

一年期定期存款利率 4.5%，活期存款利率 2%，这类超过某一最低限度的利率在印度当时的情况下，如果这样吸引过来的资金不是用于投机交易，而是用流动形式维持储备的充足性，那就极有可能是合理的。正是在这个方面，这些银行大有可批评之处。很不幸，官方的统计资料大大过时。但有关缴付过资本金且储备至少为 50 万卢比、截至 1910 年的银行数据，如下表所示：

表6　印度股份制商业银行　　　　　　　　　　　　　单位：英镑

年 份	银行数目	资本金、储备金及其他	存 款	现金余额
1890	5	340 000	1 810 000	370 000
1895	9	630 000	3 780 000	640 000
1900	9	850 000	5 380 000	790 000
1905	9	1 080 000	7 990 000	1 160 000
1906	10	1 270 000	7 700 000	1 000 000
1907	11	1 950 000	9 340 000	1 300 000
1908	14	2 060 000	10 840 000	1 630 000
1909	15	2 360 000	13 660 000	1 860 000
1910	16	2 510 000	17 110 000	1 870 000

---

[1] 这是以年利约 8% 的复利计算的。

§22. 在我看来，这些数字揭示了一个非常严重的事态。如果他们给的是最近的数据，那么，情况可能更加糟糕。迟至1900年，这些银行相对都不太事关紧要。但从那个时候开始，它们在吸收大笔存款方面如此成功，以致成为这个国家银行体系的重要组成部分。这些银行中只有六家，其经营时间可以追溯到印度任何一次真正的金融危机（1907—1908年的萧条并没有伴随出现金融危机的特征）。这些银行成长于太平之时，是故，它们从来都认为应当吸收比保留的现金储备多得多的存款。我们发现，1910年有16家银行存款额为1700万英镑，现金储备额所占比例不到11%。[1] 哪怕是这些现金储备，很大一部分还是由那些老银行和这类已经站稳脚跟的银行所持有。至于那些更小些的银行，客户们还把银行看作新事物，而且在他们国家，储藏又被看得极重，由是观之，这些更小的银行的现金余额或许严重不足，是故，我们不能不怀疑，下一次霉运到来，它们会像玩九柱地滚球一样一个个倒下去。如果这样的灾难降临，印度遭受的损失会远大于存款人的直接损失。印度银行业习惯做法之养成当然对这个国家的经济发展至关重要。一系列惊人的失误将会大大阻碍它的发展。

这个方面，第一家按照新规建立起来的缅甸银行的历史颇具启发意义。这家银行开办于1904年，由一家从事浮油（floating oil）和其他高投机业务的企业把控，按照欧洲银行的管理模式经营。这家银行的资本金是117 500英镑，直到1911年倒闭时，所吸收的存款规模已达792 701英镑，据说其中大部分来自孟买和加尔各答。为了获得这些存款，这家银行为1年期存款开出了高达6%的利率；很多人似乎被其名称所蒙蔽，认为它在某种意义上是一家管区银行。1911年秋，在缅甸稻米丰收且以高价售出后1年，正当全省普遍繁荣之际，这家银行却倒闭了。后来方知，

---

[1] 这里还是得不到晚近的数据，徒然吊人胃口。

这家银行的资产负债表系伪造，该银行三分之一的资产都垫付给了一家企业的不值钱的证券，原因仅仅是因为该银行的董事对这家企业较感兴趣而已。

§23. 不管是在汇兑银行，还是在印度股份制商业银行的情况下，我都认为，"现金余额"应该包含存放于其他银行的现金余额。[1] 因此，把印度银行整体的数字——包括管区银行、汇兑银行和股份制商业银行——加到一起核报出来，是不可能做到了。下表的数字精确地给出私人存款总额，但现金余额总数中某些项目必须计算两次。

表7

年份	除公共存款外的印度存款总额（单位：英镑）	现金余额总数（单位：英镑）	存款中现金所占百分比（%）
1890	16 650 000	11 310 000	68[2]
1895	19 430 000	7 570 000	39
1900	20 970 000	5 750 000	23
1905	34 230 000	9 150 000	27
1906	38 100 000	11 700 000	31
1907	40 880 000	11 350 000	28
1908	42 920 000	11 050 000	26
1909	48 930 000	12 430 000	25
1910	54 870 000	12 340 000	22

由上述数字可以看出，银行头寸在持续恶化，这一点非常明显。这些数字让银行自我感觉良好，而不是相反。这是因为，我在这些数字里排除了公共存款（1910年的总额为2 820 000英镑），但却把管区银行持有的现金余额总数纳入了进来（分行和总行一并包括在内）。如果这些数字准确，那么，我猜想，相对于私人存款来说，现金的现有比例大大低于表7中的数据。

---

1 官方统计中，"现金"的准确定义并未给出。
2 本年例外。

§24. 为了让印度存款数据尽可能完整，[1]在这里，给出邮政储蓄银行存款额将会是有用的，自 1900 年以来，邮政储蓄银行存款额增长率颇高，虽然还是赶不上其他银行的存款增速：

表 8

3 月 31 日	存款人数目	存款额（单位：英镑）
1900	785 729	6 431 000
1905	1 058 813	8 938 000
1906	1 115 758	9 328 000
1907	1 190 220	9 845 000
1908	1 262 763	10 121 000
1909	1 318 632	10 156 000
1910	1 378 916	10 578 000
1911	1 430 451	11 279 000
1912[2]	1 500 834	12 599 000
1913[3]		13 860 000

与英格兰一样，政府不会针对这些存款持有任何特别的储备金。他们把存款当作短期债务（unfunded debt），并用作资本支出。因此，印度政府现在持有 150 万名存款人接近 1 400 万英镑的即付短期债务，记住这一点是很重要的。这就对政府的普通储备金构成了无可忽略的索取权。

§25. 前几段中的数字在其累计效应上表明了下述反思。除了储备金比例的恶化之外，印度存款问题如今**至关重要**。它们首先表示，相对于该国的交易总额和政府的财富，此一数字太大了。如果银行遭遇了麻烦，如今这种情况将会造成比之前的情况更加深远的影响。这并不是说银行是否比之前**更可能**出现麻烦的问题。因此，他们持有的储备金之问题，较之以往更重要。本章我所能传递给大家的信息，非常不完整。但，即便如此，

1　信用合作社（Co-operative Credit Societies）在这方面并不重要，其资本金、储备金、贷款和存款加在一起不到 100 万英镑。

2　年现金存款限额从 200 卢比上升到 500 卢比。

3　估计值。

它还是为我们的质疑和不满提供了强有力的显而易见的理由。

§26. 我们所要讨论的最后一组银行——因为我没有有关私人银行和未注册为公司的银行或货币放款人的精确**数据**——是由很多按照印度公司法注册为银行的机构，但其资本金不足，而且业务活动过于混杂，无法列入上述印度股份制商业银行之名单。

可以取得统计数据（近似）如下：

表9

3月31日	银行数目	缴付资本金（单位：英镑）
1900	398	2 000 000
1905	510	2 200 000
1906	505	2 000 000
1907	504	1 900 000
1908	478	2 800 000
1909	492	3 100 000
1910	476	3 400 000

我们没有这些银行的存款统计资料。虽然自1907年以来这些银行资本金已然有了较快的增长，但上述数据表明它们的资本金仍然不够雄厚。

不过，我们对这些银行的兴趣并不源于它们所从事的银行业务，而是出于它们名誉扫地或职业蒙羞、称得上滑稽可笑的某些特征。这些银行发现，在公众心目当中，对名义资本金和缴付资本金的区别模糊不清，这个信息对银行来说很是有用，再也没有比增加名义资本金更加容易之事了。因此，当一家银行注册之时，其发起人就把自己的名义资本金总额登记为10万英镑到100万英镑之间的某个数。一家1910年在加尔各答注册的行事荒唐的银行，名义资本金登记为2 000万英镑，在得到回报时也没有缴付过资本金。除了那些极为少见的冒险之外，注册于1910—1911年的38家银行，名义资本金最多不超过1 306 000英镑，缴付资本金最多不超过19 500英镑。这些银行名义资本金很大，再加上名字个个响亮——亚洲银行、东印度银行、印度斯坦银行、联合商业银行，等等。银行一旦成立,其业务活动即不再受到限制。这些银行中有一家的经营业务甚至包括汽车车身制造和医疗陪护服务。

§27. 显然,这些冒险事业没有人会太当回事。但这些银行发起人最近的活动在印度引起了讨论,内容是银行这种做法对公众利益可能不利,故而要立法对之进行限制。在这一问题上,正如在如此之多的类似问题上一样(印度总督不知道还有其他模式),印度的立法遵循的是英国的法律体系。正如英国不存在有关银行类公司的特殊法律一样,印度的银行也只是根据普通股份制公司法进行注册登记。这一法案的修正案已经摆在人们面前有一段时间了,所以,围绕这一问题——即是否应该利用这一机会特别针对银行引入一些适当的限制——自然是修正案讨论的应有之义。[1] 我倾向于认为,用不同的提案来处理该问题可能更加方便,重点在于,应该尽可能快地采取某种明确无误的行动。1910年上印度商会(The Upper Indian Chamber of Commerce)在答复政府质询时,极为明智地做了以下回答:

> 委员会非常强烈地感觉到,银行的资本与信用不仅与银行股东有关,而且与银行储户有关,就此而言,我们还有更多事情需要去做(即比其他公司要做的事情为多)。那些缺少认购股份资本的新银行如雨后春笋般的涌现,速度快得惊人;这些银行利用了储户对它们的信任,他们不了解货币事务,但又被"银行"这个名字所吸引,希望拿自己的储蓄挣点利息……我们的担心在于,如果这种雨后春笋般成长起来的银行中有一家倒闭,其他银行会接踵而至,而那些胆子小的银行无法区分合理与不合理的事务,会匆忙从所有银行里把自己的钱提走,如此一来,储户对银行的信任将会大受挫伤,势必要花很多年时间方能重建信任。

---

[1] 本书写作之时,该修正案尚未通过其最后几关。

关于什么样的限制比较合理，曾有过各种建议。有人这样提议，银行业务应与其他业务分开经营；还有人提议，应该定期核查银行账目并公开核查结果；有人认为，应该在当地官方报纸上公布银行明细账目；[1]还有人提出，所有自称为银行的机构，均应要求它们在自己的通告栏中公布其具体的细目；也有人提议，在分配红利之前，资本金和储备金应该占负债的一定比例。名义资本金与缴付资本金之间的比例严重不相称，将通过与名义资本金成比例的注册印花税加以矫正。明确予以公布之规定可能会在长期带来最佳的结果——虽然我们必须注意到，账目公布的形式要适与把最具相关性的内容昭然于众。其他类的管制条款更易于带来我们无法轻易预测到的阻碍性结果。不管怎样，在印度银行业发展的幼稚阶段，对于储备金的类型和数量，设立某种精准的规则，才可能是明智之举。

§28. 总而言之，对于设立国家银行之议，尚需多说几句。这也是皇家委员会要求探讨的适当主题。在这里，我不打算对之详加讨论。

这是一个老问题。1836 年，"一大拨对东印度感兴趣的商人"向东印度公司递交了一份旨在"建立一家英属印度大银行"的计划书。这样的银行"把自己的交易严格限制在银行基本准则和业务范围之内"，并"按照议会法案予以设立，拥有充足的资本金，经营管理方式得当，通过推动一部分英国闲置资本的使用来改善印度营商环境，从而成为服务于公共利益之工具，并为印度货币体制提供稳定性，防止印度货币体制出现现在经受的那种偶发性波动，同时也使东印度公司在未来的财务安排中，获得便利性和优势"。银行也可以为"税收收入提供便利，并通过各种公共支出渠道扩散其影响，为大不列颠所需的国内支出经费提供汇兑

---

[1] 在我曾看到过的所公布的会计账目中，这些小银行中最大的一家，现金一股脑儿都归于"投资"名下，也即全部用在了投机上。

服务，使东印度公司的政府职能完全避开因现行汇兑制度而受到的印度商贸行业的干扰，履行议会的指令……对政府这一消费者而言，目前孟加拉银行的基础，太过薄弱"。上述引文摘自 J.B.布伦亚特先生的《管区银行报告》（Account of the Presidency Banks），布伦亚特在报告中评论了拟议中的银行对当前情况的适用性。从 1860 年到 1876 年，孟加拉银行发展为"印度银行"的可能性，一直悬而未决，继任的参事会财政委员对这一想法的态度也不抱敌意，1867 年，一份合并三家管区银行的特别提案，以由狄克逊先生（Mr.Dickson）掌控并主导的备忘录形式，提交给了印度政府，狄克逊先生（在他那个时代）凭借孟加拉银行行长和司库的卓越领导能力而大名鼎鼎。但总督记录中的说法则不赞同这一提案。总督写道："我认为，出现一个覆盖全印度的大机构，并不符合国家的利益，有时候，大机构的利益可能与公众利益相对立，它的影响无论如何可能会使政府的影响黯然失色。而且，一家具有这种特征的银行会很难管理。我们在印度也找不到几个能胜任这一任务的人。至于孟买和马德拉斯商人的利益和便利，我敢肯定，他们会觉得，一家分业经营的银行对这些重要的商贸中心而言，自然更为可取。"印度事务大臣对这场讨论做出的唯一贡献——这里不必提到他的名字，因为这是不朽的印度事务大臣在说话，而不是匆匆过客在说话——如下：

> 任何改变基本特征的提法，比如说成立一家国家中央银行，或者回到政府财政体系的提法，此后或许都必须加以慎重考虑，而且，必须考虑这种提法中的普遍意义，而不是将其与具体管区的条件或具体危机的情况联系在一起。

就这样，这一计划被扼杀在政治智慧的华丽而空洞的言辞中了。[1]

---

[1] 这段引文录自布伦亚特先生的《管区银行报告》。

在 1898 年富勒委员会之前，出现了一些对设立印度中央银行之计划的七嘴八舌的议论，讨论也得到一些人的支持。但是，除了韩布鲁先生（Mr.Hambro）的备忘录之外，没有出现具体探讨这一计划的尝试。[1]

§29. 当前支持设立印度国家银行的呼声非常高，甚至远高于 1867 年乃至 1898 年时的情况。政府已然接手了许多中央银行职能，若然明智，必无法忽视其余。货币发行的重要性日增，此外还有政府现金余额之管理以及外汇的管制，这一切均可由一个缜密而构思精巧的系统加以管理和核查。但只要这些职能与银行本职全然分离，其他的好处就无法轻易取得。所以，下面我对这些观点做一概括：

(i) 把纸币发行与银行一般职责相分离的现有做法普遍来看是与现代银行业实践相背离的，而且从几个方面观之，均称得上是银行衰弱的根源。

(ii) 尤其是，它导致了对两种不同储备的保有——政府储备和银行储备——而又没有在二者之间进行明确的界定，因此，如果政府储备不能承担一定职责，或者没有承担责任的机制，则银行储备可能就不会充分。

(iii) 它还会导致货币体制缺乏灵活性，因为在现代条件下，这一灵活性通常由银行业务与纸币发行之间的紧密合作来联合提供，而货币发行职能在印度是缺乏的。

(iv) 缺少国家银行，使得政府难以用最有利的方式使用其现金余额或其他流动资金，因为从审慎的角度来看，政府无法把这笔公共资源悉数置于私人机构手中。

---

[1] 在他们讨论富勒委员会报告的公报（1899 年 8 月 24 日）里，印度政府竟至于宣布，以合并以及吸纳三家管区银行的方式组建一间国家银行，乃是值得期待之事。而关于导致这些想法最终被抛弃的情形及相关讨论，可参看"有关设立印度中央银行动议的文件记录"（重印于《印度公报增刊》，1901 年 10 月 12 日）。

(v) 缺乏中央银行当局，会导致一国银行业政策缺乏总体的方向：不会有哪一家银行会从总体角度考虑自己的业务，或者去了解市场各个组成部分的状况，又或者在必要之时强令各银行审慎行事。理论上，多储备制度是存在的，但事实上却几乎一个也没有看到过；危机之时，危险当前，人人都盼望着别人能够施以援手。

(vi) 国家银行应有之警觉与经验之缺乏，也是政府自身软弱之源。没有哪个高级官员，把金融当作自己人生中之主要研究对象的。在一个成功文官的职业生涯中，当上一个财政干事殊不足道。参事会的金融委员也倾向于用没有经验的头脑来解决其工作中的具体问题。这样一来，政府金融官员花上 5 年左右的时间掌握一项难题，然后就有了一种保证能升到其他职位的资历。就印度政府而言，金融和通货的问题控制在聪明的业余人士之手，他们始于无知之畏缩，之后稍有了解这一领域即中断了研究。这些问题上的权力中心逐渐转移到伦敦的印度事务部和印度参事会那里，也就毫不奇怪了。这是因为，印度事务部的属员和顾问业已逐渐熟悉印度的通货问题。印度事务部的管控措施也总是被人用带着嫉妒和猜疑的目光紧盯着，这是我们在智者身上经常可以看到的一种本能；但就现在的情况而言，他们可能对货币问题拥有更加广泛的知识和经验。然而，印度事务部提供的延续之理由——虽然就我所阅读的过去 10 年的历史来说，印度事务部在指导货币发展方面毫无建树——并非解决我们所面临困难之良策。由于印度事务部不能充分接触银行业，是故，如果能在印度人自己那里找到富有经营经验之人，情况自是要好得多。值得关注的是，两份经受住时间检验的有关印度金融基本问题的经典公告——狄克逊先生于 1867 年对中央银行问题的表态，以及之后 A.M. 林德赛先生于 1878 年对金本位管制问题的表态——均出自孟加拉银行高层之手，无一出于印度事务部高级官员之手。（不过，虽然我在总结里已经以最大的篇幅做了阐述，但关于国家银行的这一最后观点却压根儿不是最为重要的观点。首先给出的那些观点反倒能把握住问题。）

§30. 另一方面，在反对设立国家银行上，有人倒是提出了一个相当不错的理由。上述罗列的几个缺点，均可经由不太极端的建议，至少能够部分地予以补救。在这个方面，所给出的理由主要出于保守和谨慎（或胆怯）。一旦人们开始尝试着制定实际的计划，这个问题就会面临重重困难。政府自然会对如此麻烦的提议心生恐惧——远离他们所习惯的事物，自然会生出这样的恐惧；此时，却并没有一个足够令他们感兴趣的重要机构来迫使其加以关注。银行担心出现一个可能的竞争对手；商人们颇满意于当前的繁荣；其他人又对国家银行毫无所知。因此，如果好年景时采取了行动，我倒是感到惊讶。可能我们还是不得不等一场严重的金融危机给我们点教训吧。只有在某种非常强烈的影响之下，负责任的政府才会鼓起勇气承担其这个任务，或者，商业界此时才会默认事实。

§31. 如果某一天各界干劲冲天，被激发起来要积极完成此项任务，那么，新银行章程的规划者该当多费心神，通盘考虑一下英格兰银行的情况。正是在欧洲的国家银行当中，尤其是德意志银行，或者可能还有荷兰或俄罗斯银行，我们方可寻觅得到合适的典范来效仿。

第八章 印度的贴现率

§1. 管区银行公布官方最低贴现率的方式与英格兰银行相同。作为对货币市场的有效影响,管区银行利率并没有在所有方面达到,也未尝假装达到与英格兰银行利率具有可比性的程度。他们并不试图控制这个市场,也不打算强行规定贴现率应该是多少。他们宁愿遵从市场,并提供总头寸的指数。

因此,作为印度货币价值变动的最佳可用指标,管区银行利率乃是人们主要关心的指数;正是它具有这样的地位,我才在本章利用这个指数。

不过,如果我们打算用这些贴现率作为指数,那么首先得给出一些警示。当然,在印度也和在英国一样,货币利率并不唯一,根据贷款所需的期限之长短(或可转让票据的到期日)以及证券之特征而有若干利率。我相信,印度公布的银行利率代表的乃是对政府票据这类抵押贷款逐天计算的利率。这就是说,这类贷款的利息是按照所公布的每天通行的银行利率计算的。因此,可以说它与伦敦相对短期的利率一样——比如说十四天贷款的利率。因为银行利率是7%,所以我们不能因此得出结论认为,我们可以按照这个价格获得能够使用两到三个月的资金。一般而言,对两到三个月的优质票据所取的利率可能会高于也可能会低于所公布的最低银行利率。此外,管区银行所公布的利率可能会不时出现

"有效性"大小不一的情况。也就是说,银行不是总能按照自己公布的最低利率随心所欲地经营大笔业务。我相信,在旺季,这种情况更不可能出现,甚至在淡季,也不大会是这种情况,当银行没有把所公布的利率降到3%以下,则虽然货币可能实际上用途不大,只要能用2%的利率借出大笔资金,亦足以使他们心满意足。但是,不同的资格限制不会妨碍管区银行利率为我们提供了衡量印度货币市场资金宽松或紧张的最佳可用指数。我附了一张图表,这张图表给出了1893年以来孟加拉管区银行的贴现率变动情况。[1]

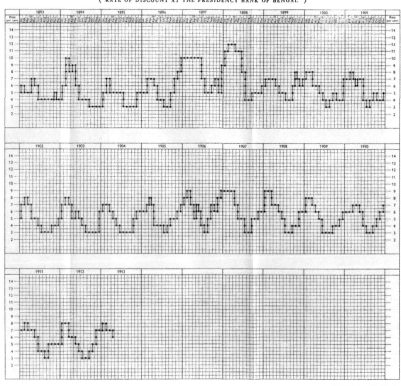

图1 孟加拉管区银行贴现率图

---

[1] 制造此图表,印度事务部的H.贝灵汉姆先生(Mr.H.Bellingham)给予我很多帮助,在此谨致谢意。

§2. 这三家管区银行公布的利率并不总是相同，而且如果有差别，彼此的差异也很少超过一个百分点。这种利率差异主要反映的是每家银行重点关注的不同农作物交易的日期差异。在印度，更大的利率差不太可能发生，这不仅是因为资金从印度的一个地方流动到另外一个地方的可能性，而且还因为这样的事实：印度事务大臣愿意按照购买者的意愿在任何一个管区城市从事政府票据和应付汇票的交易。如果其中一个管区市场出现了较大的资金紧张，那么，就会有大量政府票据和汇票在伦敦出售。是故，如果我选择孟买以取代孟加拉，这张表格反映的总体状况就不会因此而有很大的差别。

官方利率一次波动，幅度在1%。偶然也曾出现2%的波动幅度，但不是最近。不过，在旺季开始或结束之际，利率正在上升或下降时，变化通常便会一个接着一个应接不暇。

§3. 对表1加以检视，我们会发现，印度货币市场与其他市场一样，每年的平均利率也是有高有低。但较之季节性变化，这些年平均利率的变化相对为小，这一点也是显而易见的。印度的季节性变化非常大，而且非常规律，这就为印度市场与我们所熟知的欧洲市场之间的差异化提供了至为清晰的依据。

且让我们更加详细地研究一下近年来该利率的年波动情况：

表1 (%)

	孟加拉利率百分比			孟加拉利率百分比	
	2月最高利率	8月最低利率		2月最高利率	8月最低利率
1900年	8	3	1907年	9	3
1901年	8	3	1908年	9	3
1902年	8	3	1909年	8	3
1903年	8	3	1910年	6	3
1904年	7	3	1911年	8	3
1905年	7	3	1912年	8	3
1906年	9	3	1913年	8	

从这张表以及上一张图 1 中，我们可以比较稳妥地给出这样的判断：印度利率在冬季或早春季节预期可达 8%，到夏天降到 3%。每年之间的差异主要在高利率和低利率各自延续的时间之长短。对于普通季节变动而言，从 8% 到 3% 是巨大的波幅。对此我们又做何解释呢？英格兰银行利率极少有超过 5% 的，很多年里即便在冬天也都低于这一水平。如果优质证券在印度取得 7% 或 8% 的预期利率是如此普遍，那么为什么不值得有些人在旺季将比现在更大规模的资金汇兑到印度，以便确保取得英国利率和印度利率之间如此之大的差异之好处呢？

§4. 我认为，这些事实可以做如下解释。在印度，人们并不是全年都能拿到 7% 或 8% 的高利率。普通年份里，他们无法指望这一利率维持三个月以上。那些在伦敦募集资金以便在印度短期放贷的银行，必须在以下两种方式之间进行选择：或者把资金在印度从这个旺季到下个旺季一放一整年，或者在一个相对较短的时间之后把资金带回伦敦。这就是说，他必须要么取得印度全年平均的利率，要么在旺季赚取极高利率，足以补偿他们承受的双向（both ways）汇兑的成本。

我们把两个欧洲银行利率之间的差异视为两个货币中心之间资金汇兑的原因时，汇兑之成本，也即对交易之初汇出电汇汇率和交易结束汇入电汇汇率之差的度量，当然是不能忽略的。但如果两个货币中心比较接近，且没有理由预期到一个自由市场会中止用黄金清偿债务，则相对而言此一成本即为一次要因素。不过，伦敦市场和印度市场相距甚远，是故，成本问题自不可小觑。略做计算即可表明，按照银行利率衡量，汇兑成本可能要比未经训练、只有常识的头脑所预期为高。这是因为，在当前条件下，双向汇兑成本很难低于每卢比 $\frac{1}{16}$ 便士，大部分年份里这一成本会高达 $\frac{5}{32}$ 便士，偶尔会达到 $\frac{3}{16}$ 便士。在低于 $\frac{3}{32}$ 便士的成本预期上行事，并非审慎之举。现在是每卢比 $\frac{3}{32}$ 便士，大约是 0.6%。如果这一汇率损失（即汇兑损失）要在三个月内（即一个季度内）得到弥补，那么，与伦敦利率相比，每年必须在印度再多赚利率将近 $2\frac{1}{2}\%$。如果汇兑损失的不同程度能够预期得到，如果货币按照高利率在印度使用的时间多于或少于三个月也能预期到，那么，这一计算就必须进行相应调整。无论如何，印度和伦敦银行利率短期大笔资金彼此相异的原因总能得到充分的解释。例如，如果货币按照高利率在印度的使用只有一个月，哪怕在这一个月内双向汇兑成本低到了 $\frac{1}{16}$ 便士，伦敦银行利率和印度银行利率之差势必达到每年总计 5%，才能使资金汇兑乍看起来有利可图。

这些阐述表明，汇率的微小波动似乎就可以解释贴现率上的很大差异；而且，抛开不对等的知识和不对等的安全性不计，这种波动的可能性也会造成两个货币中心截然不同的市场。根本的解释基本上与我在第二章§9对提请大家注意的情况之解释相同，也即在那些并不总是轻易得到黄金的欧洲国家，黄金会暂时升水 0.75%，这基本上与为防止资金汇往国外，乃至为了吸引资金回流而大幅提升银行利率效果一样。

§5. 这个讨论将可以澄清一个区别，这个区别对印度隐含高利率问题至关重要。当我们说到印度银行利率常常偏高时，我们的意思不是说，全年的**平均**有效利率（effective rate）很高，而是说每年的**最高利率**——针对更短或更长时期而言的有效利率——通常很高。较高的平均利率和较高的最高利率可能会要求有不同的解释，而且如果要寻找补救办法，则不同解释即有不同的补救办法。现有证据也并不表明，印度的平均利率在一个处于印度这样的经济和金融发展阶段的国家就高得不合时宜了。举个例子，有一些汇兑银行就没发现有什么值得他提供高于一年期定期利率 3.5% 的利率政策。较高的最高利率几乎总会达到要求对情况进行调查的地步。

我们所讨论的这种现象绝非印度所独有，也不是由于以金汇兑本位为其特征的印度货币制度之特征而导致。我们发现，在那些需要资金以为贸易融资的国家，在这点上都是共同的，即在这些国家，全年四季分明，变化较大，同时，这些资金不得不从遥远的外国金融中心——例如南美国家——汇兑过来。事实上，通过设立卢比和英镑之间的汇率平价，季节性通缩的严重性已经大为缓解。1897年和1898年高得出奇的银行利率，部分就是由于银行按照当时过高的汇率进口资金时因胆怯造成的。银行无法确保汇率总是维持在现有水平或接近现有水平，如果确无保障，他们冒险进口的资金还会再次在国内给他们带来巨大损失。在现有安排下，旺季和淡季之间汇率的最大波幅我们是知道的，而且被限制在一定范围之内。但是，当卢比黄金价值的稳定性对印度货币市场影响甚巨时，提供12%的银行利率根本就是不可能之事，除非是在全国性金融危机或金融恐慌之时才有万一之机，不过这并不妨碍因为相对普通的事情而把银行利率提高到8%，乃至9%。有没有可能为我们仍在经历较为严重的季节性资金紧缩设想出某种补救方案，或缓和这种紧缩所带来的影响呢？

§6. 我们显然只能找到一两种补救办法。要么是汇兑成本以及汇率的最大波幅必须下降，要么是必须在印度本土找到资金季节性供给的新来源。我依次来对这些办法进行讨论。

若然以一极端情况为例开始我们的讨论，必将有助于我们澄清观点。且让我们假设伦敦和加尔各答的汇率固定在1先令4便士，如此则政府总能根据这一汇率提供二者之间**无论哪种方向**上的电汇汇兑。在这样的情况下，伦敦和印度货币市场实际上就是一个市场，现今两个货币中心为安全性相类的贷款提供的利率之间就不可能出现巨大落差。这对汇兑量产生的影响将会非常之大。每年旺季会有巨额资金从伦敦汇兑到印度，旺季结束之时再汇兑回伦敦，而现在这种交易的盈利性下降，所以这种情况也就不复存在了。下面我们阐述表明这样来来回回的季节性资金运动到底有多大的规模。在 7 月，孟加拉银行的现金储备若然一切如现在的情况，我们且假设其大约为 1 亿卢比，银行贴现率为 3%。这一储备可能至少超过了为求审慎所要求数字的 4 000 万或 5 000 万卢比。但这对降低银行利率可能无济于事，因为额外的资金无论如何都不可能在 7 月份这个时候在印度贷出去。然而，由于前述已经给出的理由，在现有条件下，过了这段时间，在加尔各答可能再度需要资金以前，任何人都不值得去借这笔钱并把它汇到伦敦去；——把它闲置起来，并等待旺季的到来，是更佳的举措。但是，1 先令 4 便士的固定汇率和所有这些条件则都会发生改变。银行一旦知道他们若有需要即可毫无损失地取回自己的资金，马上就可以把 4 000 万或 5 000 万卢比汇到伦敦去。在印度，每个拥有可贷资金出借的人，同样会这般行动起来。

如果印度事务大臣打算自己承担其这项义务，这会对他产生什么样的影响呢？为了表现得像一个普通的钱币兑换商，能够于淡季在伦敦拿出大量的英镑，于旺季在印度拿出大量的卢比，他必须得持有一笔远远超过其现在在英印两国所持有储备的巨额储备。他甚至还必须得来来回回自己汇兑黄金，是故，还得承受汇兑银行已经为他解除的全部成本负担。目前，汇率的可能波幅在"黄金输出点"左右，1 先令 4 便士之内，在某种程度上，这为通货设置了一层保护，降低了货币当局必须保有的储备金规模；汇率下降拉动资金从印度汇兑到伦敦，汇率上升拉动资金从伦敦汇兑到印度，这样，私人利益和市场的自然之力与市场整体的利益更加和谐一致，而且也与印度事务大臣维护货币体系稳定性的努力更加趋于一致。如果电汇汇率固定在 1 先令 4 便士，印度银行利率踵乎伦敦银行利率之后，但会以迫使印度事务大臣大幅增加手中储备为代价。

§7. 为了强调所有这类建议中所涉及的相关原理，我举一个极端的例子。但无人打算把上述建议机制作为实际政策实施。不过,我们倒是应该考虑一下更加温和的同类提议。例如,有些批评人士建议,印度事务大臣不应以低于 1 先令 4 便士的价格在伦敦出售政府票据。这在一定程度上将会降低汇率波动的可能范围,因之会减少汇率较高时把资金汇兑到印度去的损失之风险;但印度事务大臣从市场上抽走资金,并不必然会阻止汇率下降到 1 先令 4 便士以下。此外,在常规时期,实际奉行的政策已经极为接近这一提议方案;过去 3 年里,以低于 1 先令 4 便士的价格出售政府票据的机会很少。在非常时期,若有必要,则以较低价格出售政府票据可能是对英镑储备的一种保护。是故,我的结论是,这类政策的好处不会很大,可能不会大到足以超过成本的地步。

如此而言,通过某种降低汇率最大波动范围的办法寻找高银行利率的解救之法,殊非易事。的确,只要通货安排总是与现行安排相同,这一最大波动范围即只能由不在政府控制以内的力量决定,也即由支配黄金汇兑成本的力量决定。虽然这一成本负担可以转移,但却无法轻松地全部予以避免。

§8. 因此,我们必须退而求第二种替代办法,也即在印度本土寻找季节性资金供给的新来源。有着这一目标的提议,在前文已经用了不止一个自然段的篇幅给了出来。我相信,在将来,印度会在旺季时于纸币储备金中持有大笔的卢比资金,偶尔还会在印度的现金余额账户上拥有一个盈余储备。如果建立起一个可以将这些资金在印度对外贷出的适当机制,我预期在货币紧缩最严重的季节,会对银行利率有一定的缓解作用。假如在其他领域推行此类政策,我们即可就其对现有事态的确切影响进行比较。

§9. 大体而言,印度的政府盈余资金只能通过在伦敦出售政府票据的方法释放出来。当这些票据按照适宜的高价出售时,政府即取得了 1 先令 4 便士以上的溢价,还可以在伦敦放贷,收取利息。如果印度的资金不是通过兑现政府票据而得到释放，却是直接在印度放贷，那么，印度取得的利息就会代替前面已经区分清楚的两种获利来源。在第一种情况下，货币首先从伦敦货币市场借出（通过汇兑银行或其他途径）以购买政府票据，然后再由印度事务大臣把这笔资金再贷回给货币市场。在第二种情况下，在印度的单次交易取代了伦敦的两次交易。可能有人会说，这两种办法最终是一回事；除非印度政府接受以较低利率在印度贷出资金，且利率低于他们按高价出售政府票据并在英国贷出资金给出的相同利率，否则货币市场不可能得到缓解。第二种方法没有涉及印度可用的资源之净增加情况。但是，鉴于以下原因，我认为这种看待问题的方式并不正确。

第一，风险会被消除。如果在旺季输往印度的资金兑换的平均损失（比如）为每年2%，为了补偿汇率波动超过平均水平之外的风险，银行可能会在印度现行利率和英国现行利率之间给出一个高于2%的差额。在借贷资金为卢比、且用卢比偿还的情况下，风险因素是不存在的；消除风险提供了净收益的一个来源。如果政府在印度放贷能够缓和那里的季节性资金紧缩情况，那么，这就有可能降低汇率波动常规的上限。这就是实际的情况，在常规年份，其结果从外表看与前面讨论并拒绝考虑的第一种选择的结果相类，而政府也没有做出过任何能够成为负担的承诺以限制自己。

第二，印度事务大臣在伦敦放贷所赚取的利率，因借贷期限较短且所要求的安全性较低，显然低于汇兑银行在伦敦筹集资金的正常利率，而且还大大低于在印度直接放贷所取得的利息。（另一方面，应当承认，较之当前的安排，在印度贷出资金可能会牺牲一些安全性。）

第三，在印度贷出一笔比当前货币体制下实际贷出的更多的资金是否合理，并不明朗，因为这样导致印度的可用资源在某种程度上出现了净增加。

§10. 因此，在我于前文给出的用纸币储备金在印度放贷的理由之外，我相信，这才是每年旺季过程中，最有希望解决印度银行利率普遍偏高的努力方向。我不认为我有什么能为，为最优贷款方式指明道路。但是，我还是认为，我敢冒昧地说，在国家银行缺位的情况下，这种放贷可以经由管区银行来做，如果做不了全部放贷，能够做大部分也好。而且我相信，政府会明智地采取行动，一般而言，他们应该会严格规定最高银行利率在5%或5.5%。在这类金融问题上，危险的存在可使政府避免过度妒忌私人得利。在私人合作乃其必然的情况下，必须容许他们占有一份合理的利润份额。在他们与过去管区银行有关临时贷款的关系方面，印度政府有时似乎对阻止银行从贷款中取利附加了比其他交易更大的重要性。我可以重申一遍，我所思考的贷款仅仅是指旺季的贷款，在预期到一个正常的收成或可以确信的大丰收之前，不会出现这样的贷款。

§11. 在性质上与上述提议相近的补充说明，根据1912—1913年度的实际情况对它们进行思考，可能会有启发意义。从印度货币市场的角度看，这一时节的特殊性在于，印度将相对较长时期的贷款实施的高银行利率[1]与相对较低的汇率以及对政府票据和黄金仅有的适度需求结合在了一起。在1912年年底，情况算得上正常。通常在每年的这个时候，银行利率总是稍高的；汇率也高（指定的政府票据的最低贴现率是1先令 $4\frac{3}{32}$ 便士）；而且对政府票据的需求规模很大。从1月到3月，虽然银行利率处于较高水平，贸易也可称活跃，但对政府票据的需求却逐渐走弱，起先还比较缓慢，3月份则迅速下降，汇率也以同样的速度在下跌，到了3月下半部分，指定的政府票据的最低贴现率甚至下跌到了1先令 $3\frac{31}{32}$

---

[1] 孟加拉银行利率从1912年11月28日到1913年4月17日为7%或8%，从1912年12月27日到1913年4月3日不低于8%。

便士。如此之低的汇率与孟买8%的银行利率结合出现，情况极为反常。

对于一位未尝接触过货币市场实际运行的读者而言，甘冒对现有情况进行解释之风险，实是危险之举。但是，我还是乐于奉上我的解释，因为这样做非常值得。1913年3月对政府票据的需求不振，用黄金参与汇兑竞争来解释是行不通的。这是因为，低水平汇率不利于沙弗林进口（若非在该季节之初，则即便是从埃及进口也无利可图），事实上，沙弗林的进口规模已经比前一年小了很多。因此，这种情况一定是由于汇兑银行和其他银行不愿在伦敦投钱购买汇票寄到印度而致。之所以不愿意，乃是出于多种原因。在白银和鸦片上锁死的资金以及印度购买国外商品的自由化，可能都起到了一定的作用；而一个起重要作用的影响则是伦敦市场货币的昂贵，[1] 与人们关于货币价格不久即要下跌的充分预期相结合，就使市场有了能延迟交易就延迟交易的动机。不过，对于银行不愿意购买政府票据的原因之准确诊断，并不必然是我所强调的经验教训。无论出于何种原因，7%和8%的印度银行利率，即便与更低水平的汇率相结合，事实上也无法引发银行大量购买政府票据的兴趣。对印度政府余额的影响又是什么呢？一般的方法，比如通过税收收入而以储备债券形式累积的卢比又很快释放出来，并回到货币市场，已经失灵，也即兑现大量政府票据的方法不管用了。大量赚取的盈余恶化了银行状况，因为这笔盈余中的大部要专门用于下一财政年度的支出，而盈余增加的同时，政府余额也增大到超过通常规模的程度。是故，政府忙于通过周而复始地从市场抽走彼时市场根本不想要的卢比来不断提高银行通缩程度，远远不是在帮助市场。1912年底［参看本（原）书第188页的表格］，已经闲置在储备账户上的资金非常之高。1913年2月底，

---

[1] 英格兰银行的利率是5%，市场利率接近这一银行利率。在1年之内，伦敦和印度的货币现行利率之差不会远大于平常。

印度总的政府余额已经升至1 740万英镑,到3月底,升到了1 930万英镑,其中有800万英镑存放在储备账户中。在这个世界上,哪一个货币市场愿意眼看着如此之大一笔金额在一年中最繁忙的季节无法使用和控制而蒙受利率下跌的损失呢?

根据我的判断,这种情况并不是由于政府行政官员的无知或能力不够所造成,而是因为他们所面对的乃是一套未能给他们提供一种处理这种情况之适当机制的制度。"独立金库"以及政府对待货币市场传统上的超然姿态,均对他们最为不利。数以百万计的卢比闲置在政府财政部门手中之日,也是需要政府官员在外面做大量工作之时。我敢肯定,我在早前概述过的那类安排,或可在一定程度上缓解这一局面。因此,我们可以认为1913年第一季度的情况乃是特定场合下的特定情况,在这种情况下,政府可能在印度贷出大笔资金并从中获利,这对货币市场有益,同时又不会带来任何原本会令人担心的风险。

§12. 现在,我已然完成了对这些问题的讨论。我最后强调两点。第一点对这一主题的总体分析会有影响。我一直试图给出这一事实:印度货币体制是一个非常*自洽*的体制,这个体制的每个部分都与其他某个部分相契合。对这个体制进行面面俱到的讨论是不可能做到的,一位作者为了文章的表述能够体现出清晰的条理,必然需要不时地牺牲事物本来的复杂性和彼此的依赖性。而那些对印度货币体制之局部进行批评的人士,需要持续关注该体制的复杂性和自洽性。这并非印度金融体制独有之处。它是所有货币问题的特征。这一主题的困难正源于此。

第二点影响到世界其他国家晚近发展起来的与印度的货币安排相类的货币体制。印度的事务基本上专门由那些拥有关于印度或英国的知识和经历的学者在研究,如此一来,有时关于印度发展的真实世界就会被遮蔽;他国的经验之价值就会被忽视。我坚持认为,印度的金汇兑本位制以及支持这一本位制的机制,根本不是什么异数,而是走在了货币演进过程的前列。但是,印度的银行安排、印度对纸币发行的管理,以及印度政府与货币市场的关系,其情况确可称为异数;从其他地区的经验中,印度还有许多东西可以学习。 259

索　引

（索引中的页码为原书页码，即本书的边码。）

Adie, Mr., 149 ff.	阿代先生
Atkinson, F. J., 151 ff. F. J.	阿特金森先生
Australian sovereigns, remittance of, to India, 115－116	从澳大利亚往印度汇兑沙弗林
Austro-Hungarian Bank, 24, 32, 33, 70	奥匈帝国银行
Bagehot, W., 162, 177	W.白芝浩
Balances. See Cash Balances	余额，参看 现金余额
Balkan War, effect of, on gold markets, 23, 165	巴尔干战争对黄金市场的影响
Bank Rate in India, 105, 163, 164, 196－198, 240 ff.	印度的银行利率
Banking in India, 195 ff.	印度的银行业
Banking Reserves in India, 147, 160, 161, 204－205, 215－218, 224－227, 232	印度的银行储备
Banks with small paid-up capital, 230－232	缴付资本金较小的银行
Bengal, Bank of, 182, 198 ff., 234	孟加拉银行
Bombay, Bank of, 182, 199 ff.	孟买银行
Bombay, proposed mintage of gold at, 64, 67－68, 84－87	在孟买铸造黄金铸币的提议
British monetary system, 15－19, 69	英国通货体制

Brunyate, J. B., 3, 38, 181 n., 199 n., 201, 234　　J. B. 布伦亚特

Burma, Bank of, 222, 225–226　　缅甸银行

Cash Balances in India, 60–61, 127–129, 131, 181–190　　印度现金余额

Cash Balances in London, 128–129, 143–144, 190–192　　伦敦现金余额

Central Bank for India, 58–59, 161, 233–239　　印度中央银行

Cheque system, 16, 39　　支票制度

China, Currency for, 36　　中国的通货

Circles of issue for Paper Currency, 40–46　　纸币的发行流通

Co-operative Credit Societies, 227n.　　信用合作社

Council Bills, 102 ff., 132, 210 ff., 255–257　　政府票据

Crewe, Lord, 89　　克鲁勋爵

Crisis of 1907–1908, 135–141, 159, 164, 167–168　　1907–1908 年危机

Currency Reserve. See Paper Currency Reserve　　通货储备，参看 纸币通货储备

Currency notes of India. See Paper Currency　　印度的纸币通货，参看 纸币通货

Dadabhoy, Hon. Mr., 13t.　　尊敬的达达波伊先生

Dawkins, Sir Clinton, 64　　克林顿·道金斯爵士

Depreciating rupee, effects of, 2–3　　卢比贬值所产生的影响

Dickson, Mr., 234, 238　　狄克逊先生

Egyptian gold shipped to India, 116–118　　埃及的黄金装船运往印度

Egyptian system of currency, 29 n., 71 n.　　埃及的通货体制

Elasticity of Indian currency system, 57–58, 60–62, 180–181, 251–254　　印度通货体制的灵活性

English and Indian Bank Rates, their differences accounted for, 243–246　　英国和印度的银行利率之差异的原因解释

169

English institutions, influence of, on Indian, 38–39, 52, 59, 201 n., 231, 239, 259	英国制度对印度的影响
Exchange Banks, 103, 158, 163, 206–221	汇兑银行
Fowler Committee, 4, 7, 34, 50, 63, 196, 235	富勒委员会
France, Bank of, 20–21	法兰西银行
Gauntlett, M.F., 76	M. F. 高恩特莱特先生
German Reichsbank, 19–22, 70, 239	德意志银行
Gillan, R. W., 76, 77, 78	R. W. 基兰先生
Gold, amount of, circulating in India, 75–84	印度的黄金流通量
Gold Currency in India, 63–101	印度的黄金通货
Gold, methods of checking a foreign drain of, 17 ff.	抑制黄金外流的方法
Gold, premium on, 23, 26–27, 246	黄金溢价
Gold, 10-rupee coin, 68, 84, 87–88	10 卢比金币
Gold-Exchange Standard, 10–11, 30–36, 106 ff., 119–120	金汇兑本位制
Gold-Exchange Standard, transition to, 27–30	向金汇兑本位制过渡
Gold import point, 114 ff.	黄金输入点
Gold not the principal circulating medium in countries having a gold standard, 69–71	黄金不是金本位制国家的主要流通媒介
Gold Note Act of 1898, 48	1898 年金券法案
Gold Reserves, division of, between India and London, 28, 48–50, 126–127, 131, 174–178	印度和伦敦之间黄金储备的分划
Gold Standard Reserve, 8, 90, 107, 110 ff., 125–127, 130–131, 137, 143, 170 ff.	金本位储备金
Goschen, Lord, 69, 72, 91	戈申勋爵

Hambro, E., 235	E. 韩布鲁先生
Harrison, F. C., 149 ff.	F. C. 哈里森
Herschell Committee, 7, 33	赫谢尔印度通货委员会
Hoarding, 77-78, 81, 85-86, 99-101, 153, 158-160, 165-166, 225	贮藏
Holland, Bank of, 32, 239	荷兰银行
Home Charges, 102, 120-122, 171-172	国内费用
Indian Bank Rate. See Bank Rate in India	印度银行利率,参看 印度的银行利率
Indian Banking, 195 ff.	印度银行业
Indian currency system, 1893-1899, 1-3; since 1899, 4-6, 8-10; main features as now established, 6-7, 10-11; reference dates, 7-8; future development, 194, 258-259	1893-1899 年印度通货体制;自 1899 年以来的印度通货体制;现金建立起来的印度通货体制的主要特征;具有参考价值的印度通货体制大事列表;印度通货体制的未来发展
Indian Joint Stock Banks, 221-226	印度股份制银行
Indian Money Market, 195-198, 240 ff.	印度货币市场
Indian Treasury. See Reserve Treasury System	印度财政部,参看 财政储备系统
Japanese system of currency, 27, 28 n.	日本通货体制
Java, currency of, 27, 135	爪哇的通货
Jevons, W. S., 99, 149	W. S. 杰文斯
Lindsay, A. M., 5, 34, 72 n., 238	A. M. 林德赛
Madras, Bank of, 199 ff.	马德拉斯银行
Marshall, A., 31	A. 马歇尔
Meston, Sir James, 67	詹姆斯·麦思顿爵士
Mill, J. S., 72	J. S. 穆勒
Northbrook, Lord, 182	诺思布鲁克勋爵

Note circulation in India. See Paper Currency, volume of	印度的纸币流通，参看 印度的纸币量
Note currency of India. See Paper Currency	印度的纸币，参看 纸币
Note issue by Banks, 38, 199 - 200	银行的纸币发行
Paper Currency, 37 ff.	纸币
Paper Currency, volume of, 46 - 47, 53 ff.	纸币量
Paper Currency Reserve, 40, 48 ff., 89, 97, 127, 130 - 131, 170 ff., 189, 254	纸币储备金
Post Office Savings Banks, 158, 227 - 228	邮政储蓄银行
Presidency Bank Rates. See Bank Rate in India	管区银行利率，参看 印度的银行利率
Presidency Banks, 38, 53 n., 56, 60, 158, 163, 181 - 186, 198 - 206, 234, 240 - 243	管区银行
Reserves of Government. See Rupee Reserves, and Sterling Reserves	政府储备，参看 卢比储备和英镑储备
Reserves of Indian Banks. See Banking Reserves in India	印度银行储备，参看 财政储备系统
Reserve Treasury System, 56 - 57, 129, 181 - 189, 257 - 258	财政储备系统
Ricardo, 31, 72	李嘉图
Rothschild, Lord, 35	罗斯柴尔德勋爵
Rupee, legal position of, 6 - 10	卢比的法律地位
Rupee circulation of India, 149 - 155	印度卢比的流通
Rupee Reserves of Government, 132 - 133, 141 - 147	政府的卢比储备
Rupees, coinage of, 131 - 135	卢比铸币
Rupees, profit on coinage of, 36, 124 - 126	卢比铸币的利润
Russian Finance and Currency, 24, 27, 32	俄国的金融与通货
Salisbury, Lord, 183	索尔兹伯里勋爵

Savings Banks. See Post Office Savings Banks	储蓄银行，参看 邮政储蓄银行
Seasonal demand for money in India, 53 – 56, 57 – 58, 146 – 147, 180 – 181, 242 – 244	印度对货币的季节性需求
Shroffs, 195 – 198	钱币兑换商
Silver purchases by Government, 132 – 135, 142 – 146	政府的白银购买
Sleigh, J. H., 196	J. H. 斯莱先生
Sovereigns, circulation of, in India, 6 – 10, 73 – 74, 76 – 84, 94 – 96, 115 – 118	印度的沙弗林流通
State Bank for India, 233 – 239. See also Central Bank	印度国家银行，也可参看 中央银行
Sterling Reserves, 137 – 140, 147 – 171, 193	英镑储备
Telegraphic transfers, 105, 137, 210 – 211	电汇
Thackersey, Sir Vithaldas, 67	维塔尔达斯·撒克赛爵士
United States Independent Treasury System, 56 – 57	美国独立的财政体系
Wilson, James, 38	詹姆斯·威尔逊
Wilson, Sir G. Fleetwood, 64, 67	G. 弗利特伍德·威尔逊爵士
Wood, Sir Charles, 39 n.	查尔斯·伍德爵士

译者跋

约翰·梅纳德·凯恩斯是二十世纪当之无愧的伟大经济学家和重要思想家,其经济思想对今天世界各国的经济政策制定仍然有着相当的影响。

凯恩斯生前一共出版过九部著作,分别是:《印度的通货与金融》,《凡尔赛和约的经济后果》,《论概率》,《条约的修正》,《货币改革略论》,《货币论》(上下册),《劝说集》,《传记文集》,《就业、利息与货币通论》。此外,他还出版过六本小册子作品。译者在研习经济思想史时,发现凯恩斯著作的汉译本虽然很多,但多是对其中几本名著如《就业、利息与货币通论》和《货币论》的重译,而诸如《货币改革略论》和《论概率》这类反映其思想渊源与流变的重要著作,却付诸阙如。经过几年的阅读和准备之后,译者这才起心动念,打算在前人译本的基础上,提供一套较为完备的凯恩斯生前审定出版之著作的中文译本。

凯恩斯先生是一代英文大家,译者虽然不辞辛劳,心里存着追慕远哲、裨益来者的决心,但是才疏学浅,译文中的错讹之处必多。祈望海内外学人,对于译文能够多予教诲,译者先在这里表达一下不胜感激之情。

李井奎

写于浙江工商大学·钱塘之滨